Tanja Draxler-Zenz · Gelassenheit steckt an

Tanja Draxler-Zenz

Gelassenheit steckt an

Entspannt durch
den Familienalltag

ENNSTHALER VERLAG STEYR

Erklärung

Die in diesem Buch angeführten Vorstellungen, Vorschläge und Therapiemethoden sind nicht als Ersatz für eine professionelle medizinische oder therapeutische Behandlung gedacht. Jede Anwendung der in diesem Buch angeführten Ratschläge geschieht nach alleinigem Gutdünken des Lesers. Autor, Verlag, Berater, Vertreiber, Händler und alle anderen Personen, die mit diesem Buch in Zusammenhang stehen, können weder Haftung noch Verantwortung für eventuelle Folgen übernehmen, die direkt oder indirekt aus den in diesem Buch gegebenen Informationen resultieren oder resultieren sollten.

www.ennsthaler.at

ISBN 978-3-85068-973-1
Tanja Draxler-Zenz · Gelassenheit steckt an
Alle Rechte vorbehalten
Copyright © 2017 by Ennsthaler Verlag, Steyr
Ennsthaler Gesellschaft m.b.H. & Co KG, 4400 Steyr, Österreich
Satz & Umschlaggestaltung: Thomas Traxl, Steyr
Titelbild: © shapecharge / iStockphoto.com, © Imaster / Fotolia.com
Druck & Bindung: Těšínská Tiskárna, Český Těšín

MIX
Papier aus verantwor-
tungsvollen Quellen
FSC
www.fsc.org   FSC® C005833

Inhaltsverzeichnis

Mein Traum

Als unsere Kinder noch sehr klein waren, unterlag ich der Illusion, wir würden alles ganz anders machen. Vom Stress, von dem alle reden, lassen wir uns nicht anstecken. Die Nachmittage, an denen Mama und Papa Taxi für ihre Kinder spielen, wird es bei uns nie geben. Keine Förderprogramme in der Freizeit. Wir werden uns mehrere Monate Auszeit im Jahr gönnen, immerhin sind mein Mann und ich selbstständig. Wir können uns diese Freiheit nehmen. So mein Vorsatz.

Solange unsere Kinder noch sehr klein waren, lief es tatsächlich richtig gut. Je größer sie wurden, desto mehr schien mir dieser Traum eines gelassenen, entspannten Familienalltags zu entgleiten. Die Ansprüche der Kinder wuchsen, mit ihnen ihre Launen. Am Nachmittag nur zu Hause zu sein, war eine Qual für sie. Sie wollten zum Musikunterricht, zum Ballett oder Fußball. Taxifahrerin war inzwischen meine zweite Berufsbezeichnung.

Kindergarten und Schule forderten ihre Zeit, von den Hausaufgaben gar nicht zu reden. An unserem Ausbildungszentrum nahm die Arbeit für meinen Mann und mich ständig zu. Das war auch gut so. Mehr Aufträge, mehr Arbeit, zeitgleich natürlich auch mehr Geld. Das konnten wir bei drei Kindern richtig gut gebrauchen. Außerdem liebte ich meine Arbeit und konnte mir ein Leben ohne sie nicht vorstellen. Aber von Zeit zu Zeit fiel mir die Decke auf den Kopf. Es wurde mir einfach alles zu viel. Zu viele Termine, zu viele Anforderungen von allen Seiten und zu wenig Zeit für unsere kleine Familieninsel.

Meinen Traum eines gelassenen, entspannten Familienalltags hatte ich dennoch nie aus den Augen verloren. Es muss doch Möglichkeiten geben, gelassen zu bleiben, trotz der Anforderungen, die auf einen zukommen. Es muss doch möglich sein, entspannt zu bleiben, zumindest den größten Teil des Tages, ohne gleich aus der Gesellschaft aussteigen zu müssen.

Nach einigen neuen Lebensstrategien und Umstrukturierungen kann ich jetzt sagen: Wir haben es geschafft! Es gelingt uns nicht immer, aber immer öfter. Ich bin bestimmt keine Übermutter und unsere Familie ist keine dauerentspannte, immer gut gelaunte Superfamilie. Uns würde dann auch ziemlich schnell langweilig werden.

Mir geht es vielmehr um einen lebendigen und dennoch entschleunigten Familienalltag, der sich auch mit Beruf und Kindergarten sowie Schule gut arrangieren lässt. Es geht darum, dass alle Familienmitglieder Zeit finden, das Leben in vollen Zügen zu genießen und den Alltag bewusst zu erleben. Es geht darum, endlich runterzukommen vom Perfektionswahn und dem »Immer gut drauf«-Syndrom. Es wird Zeit, als Familie auch im Trubel des Alltags gelassen bleiben zu können.

Tanja Draxler-Zenz, im Jänner 2017

Aufbruch

Als Sonjas erste Tochter vor einigen Jahren auf die Welt kam, dachte sie, alles mit links zu schaffen. Kein Problem. Sie hatte gehört, dass Babys mindestens drei Stunden schlafen, dann sanft erwachen und friedlich ihre Milch trinken. Danach sofort wieder in ihren geliebten Schlummerschlaf fallen und sich erst nach einigen Stunden wiederum melden. Welch ein Vergnügen. Das ist ja besser als Urlaub.

Sie hatte sich viel vorgenommen für die ersten Monate mit ihrem neuen Familienmitglied. Was würde sie alles machen, während das Baby schlief. Sie fühlte sich wie im siebten Himmel, wenn sie sich diese wunderbare Zeit vorstellte.

Es kam natürlich ganz anders. Sonjas Tochter wollte nur getragen und ständig gestillt werden und schlief so gut wie nie allein in ihrem Bettchen. Schlaue Ratgeber über »artgerechte Babyhaltung« hatte es zu dieser Zeit noch nicht in dieser Fülle wie heute gegeben. Es hätte Sonja sicher einiges erleichtert.

Trotz der vielen schlaflosen Nächte und der enorm anstrengenden Zeit hatte sie von Beginn an ihr Muttersein und ihre neue kleine Familie geliebt. Sonja hatte nicht damit gerechnet, wie viel Liebe sie für dieses kleine Wesen empfinden könnte. Wie intensiv das Leben im positiven Sinne wird, wenn man plötzlich für ein kleines Baby verantwortlich ist. Es war für sie trotz der ungewohnten Umstände und oft sehr anstrengenden Zeiten absolut klar, dass ihre Familie wachsen sollte. Mittlerweile sind sie zu fünft. Doch die Anforderungen, die täglich anstehen, haben sich nicht nur verfünffacht, sondern gefühlsmäßig verhundertfacht.

Vergangenheit versus Gegenwart
Haben Sie auch manchmal das Gefühl, dass früher alles besser war? Die Menschen lebten immerhin im Rhythmus der Natur, sie lebten mit den Jahreszeiten. Im Sommer arbeiteten sie mehr, im Winter weniger aufgrund des Lichtmangels. Sie trugen ihre Babys bei sich, die dann einschliefen, wann immer sie es brauchten. Die Menschen lebten in Clans zusammen und wechselten sich bei der »Kinderbetreuung« ab. Das Thema Stress kannten sie so gut wie nicht. Zumindest nicht in dem Ausmaß, wie wir es kennen. Die Zeit wurde auch fürs Zusammensitzen, zum Herumschlendern und einfach nur zum Spielen genützt. Einfach fantastisch. Zurück auf die Bäume. 1, 2, 3, los!

Oder doch nicht? Wer glaubt tatsächlich an die Winnetou-Romantik oder Steinzeit-Wellness? So entspannt war es ja dann doch wieder nicht. Zurück auf die Bäume möchte nicht wirklich jemand von uns, oder? »Das einzig Beständige im Leben ist die Veränderung«, sagte schon der griechische Philosoph Heraklit von Ephesos (um 520–460 v. Chr.). Da stimme ich ihm zu. Außerdem leben wir in einer Zeit, in der es schier unendliche Möglichkeiten gibt. Zumindest hier bei uns in den westlichen Ländern. Wir haben zu essen, warme Kleidung und meist auch einen Job. Es kommt jedoch darauf an, was wir aus diesen Möglichkeiten machen oder wie wir unser Leben gestalten möchten.

Immer schneller, immer höher, immer mehr
Es scheint dennoch nicht so recht zu klappen mit einer entspannten, gelassenen Lebenshaltung. Wir haben uns gesellschaftlich gesehen in einem Irrgarten verlaufen, aus dem viele von uns schwer wieder herausfinden. Hektik und Stress begleiten oft den Familienalltag. Der Terminkalender der Erwachsenen ist voll. Bei Kindern sieht es meist nicht anders aus. Eine Aktion nach der anderen lässt gestresste Mütter ihre Kinder vom Sport zur Musikschule und weiter zum Nachhilfeunterricht fahren. Haben die Eltern das Gefühl, ihr Kind sei nach all den Aktivitäten überfordert oder unruhig,

wird es zur Entspannungsstunde und zum Kinderyoga angemeldet. Bleibt noch freie Zeit, etwa im Zug zur Arbeit oder im Schulbus, wird diese genutzt, die E-Mails zu checken oder am Smartphone zu spielen. Die meisten von uns wurden dazu erzogen, sich anzupassen und dabei die eigene Persönlichkeit zu vergessen. Dazu kommt, dass die Menschen zunehmend das Gefühl haben, immer mehr arbeiten zu müssen, obwohl sie reicher sind als je zuvor. Sie konsumieren mehr materielle Dinge als jemals zuvor in der Geschichte. Shoppen gehört zur modernen Freizeitgestaltung. Arbeiten, Geld ausgeben, Stress und Hektik dominieren den Tagesablauf. Dabei steht uns mehr freie Zeit zur Verfügung als den Generationen vor uns.

Zugleich rücken Werte, die einst sehr wichtig waren, in den Hintergrund. Werte, wie einander in der Gemeinschaft zu unterstützen oder füreinander zu sorgen. Es bleibt immer weniger Zeit für das Zusammensein, für Partnerschaft, für Freunde – und auch für Kinder. Noch nie in der Geschichte der Menschheit haben wir so getrennt voneinander gelebt wie jetzt. Die Arbeit und das Geld stehen an erster Stelle. Das Phänomen »Familie« wird zum Auslaufmodell. Aber werden die Menschen zeitgleich glücklicher? Wie geht es Ihnen, wenn Sie Ihre Mitmenschen beobachten? Wird noch miteinander gelacht, umarmt oder einfach einmal herumgealbert? Wenn ich durch die Straßen laufe, kommen mir vorwiegend angespannte, deprimierte, nach unten blickende Gesichter entgegen. Treffe ich tatsächlich mal jemanden, der entspannt wirkt und dabei auch noch ein breites Grinsen auf den Lippen hat, kommt mir spontan in den Sinn, er könnte Drogen genommen haben ...

Die Zahlen der Weltgesundheitsorganisation (WHO) sind erschreckend. Vier Millionen Deutsche litten im Jahr 2014 an depressiven Krankheiten. Für das Jahr 2030 rechnet die WHO damit, dass Depression weltweit die häufigste Krankheit sein wird. Der Verbrauch von Antidepressiva hat sich seit dem Jahr 2000 mehr als verdoppelt.[1] Der ständige Zeitdruck und das Gefühl, dass alles schnell gehen muss und zu wenig Zeit ist für das, was wirklich guttut, spielen dabei eine wesentliche Rolle.

Aussteigen

Die meisten von uns, die in einer Familie leben, wollen vor allem eines: den Familienalltag entspannt erleben. Aber ist dafür genügend Zeit vorhanden? Können Eltern überhaupt in all dem Trubel die Bedürfnisse ihrer Kinder, geschweige denn ihre eigenen wahrnehmen? Bleibt überhaupt Zeit, das Familienleben gelassen und achtsam zu leben? Wenn nicht, hilft es vielleicht auszusteigen? Aussteigen aus dieser Gesellschaft? Ich denke nicht. Wir sind nicht Robinson Crusoe, der auf einer einsamen Insel lebt. Aber aussteigen aus dieser hohen Lebensgeschwindigkeit, das gelingt sehr wohl. Wir können das Tempo unserer Zeit nicht verringern. Aber wir können sehr wohl jenes Tempo wählen, nach dem wir agieren. Wir können uns jeden Tag aufs Neue dafür entscheiden, den Alltag gelassener und bewusster zu erleben. Ich sage nicht, dass es immer leicht oder nebenbei gelingen wird. Ganz bestimmt nicht. Ich sage auch nicht, dass Sie ab jetzt nur noch entspannt in der Hängematte liegen sollen, während Sie Bob Marley hören und einen Drink schlürfen. Das wäre auf Dauer auch eintönig, nicht wahr?

»Familie leben« ist kein Zuckerschlecken. Es gibt immer wieder Zeiten, in denen es drunter und drüber geht. In denen Krisen den Alltag bestimmen oder es einfach zum Aus-der-Haut-Fahren ist. Und dennoch haben Sie es zum größten Teil selbst in der Hand, wie Sie Familie leben möchten.

Vorteile der heutigen Gesellschaft nutzen

Natürlich hat es seine Berechtigung, Kritik am hektischen Tempo der Welt zu üben. Aber die Lösung wird nicht sein, die »Welt anzuhalten«, sodass alles nur noch langsam geht. Es ist vielmehr an der Zeit, darüber nachzudenken, wie die Vorteile der heutigen Gesellschaft genutzt werden können, sie mit den wertvollen Erfahrungen der letzten Jahrtausende zu verknüpfen. Ich möchte nicht dafür plädieren, in die Vergangenheit zurückzukehren. Es gilt zu überlegen, was in unserer Existenz als Menschen wirklich wertvoll ist.

Nicht alles ist gut oder schlecht, schwarz oder weiß. Sie werden von mir keine Ratschläge oder Rezepte hören, wie Sie Ihr Zeitmanagement in den Griff bekommen oder wie Ihre Kinder in einem Dauerentspannungsmodus das Leben genießen können. Bleiben wir in der Realität. Der Familienalltag kann sehr anstrengend sein. Er fordert so manches von uns und bringt uns immer wieder an unsere Grenzen. Ich kenne Ihre ganz persönliche Familie nicht. Nur Sie kennen sich selbst, Ihre Kinder und Ihre Familie am besten. Sie entscheiden, was zu Ihnen passt und worin Sie sich vielleicht wiederfinden.

Dieses Buch wird aufdecken, worauf Sie unbedingt einen Blick werfen sollten. Es soll erprobte und höchst effektive Möglichkeiten aufzeigen, wie Sie mehr Gelassenheit in Ihren Familienalltag bringen. Machen Sie sich auf die Suche nach einem gelasseneren Lebensstil. Vielleicht ist er gar nicht so weit entfernt, wie Sie glauben. Vielleicht finden Sie ihn gleich um die Ecke, um endlich wieder Ihr Familienleben zu genießen, so wie Sie es sich ursprünglich einmal vorgestellt haben.

Muster durchbrechen

Geh nicht nur die glatten Straßen. Geh Wege, die noch niemand ging, damit du Spuren hinterlässt und nicht bloß Staub.
Antoine de Saint-Exupéry

Mit Mustern, die wir mittlerweile gesellschaftlich gesehen als »normal« einstufen, werden wir uns näher beschäftigen. Es braucht Menschen, die couragiert genug sind, diese Muster zu durchbrechen, die immer wieder einmal innehalten und aus Gewohntem aussteigen. Damit die Gesellschaft den Familien ihren rechtmäßig verdienten Platz (zurück-)gibt. Damit Kinder wieder gesehen und wahrgenommen werden, jedes auf seine ganz eigene Art. Damit Eltern gelassen als echte Begleiter fungieren können, wie es immer schon gedacht war. Denn Sie als Elternteil nehmen eine pädagogische Rolle ein, ob Sie es wollen oder nicht.

Wissen Sie, was das Wort »Pädagoge« ursprünglich bedeutete? In griechischer Übersetzung heißt es: »Sklave, der die Kinder seines Herrn in die Schule führte«. Somit waren Pädagogen die Begleiter der Kinder. Nicht diejenigen, die das Kind formten und es auf seine Zukunft vorbereiteten. Eltern sollen wieder Zeit finden, ihre Kinder begleiten zu dürfen. Außerdem sollen sie in ihrer Rolle als »Universalgenies« geschätzt werden und das Recht haben, sich selbst zu entfalten. Seien Sie mutig und machen Sie sich auf eine Reise, um sich selbst und Ihrer Familie diese wertvolle »kurze« Familienzeit zu schenken. Um Ihren Alltag gleich jetzt und nicht erst, wenn die Kinder aus dem Haus sind, gelassener anzugehen.

Freude am Leben

Und warum all das? Damit Menschen wieder mehr miteinander lachen und sich dabei gleichzeitig in die Augen sehen. Damit Freunde auch angefasst werden können und nicht nur virtuell vorhanden sind. Damit Zeit bleibt, Kinder »artgerecht« zu begleiten, sie zu sehen und zu spüren. Und das alles, damit die Erde Chancen hat zu überleben – indem Menschen auf ihr wohnen, die ein nachhaltiges und bewusstes Leben führen.

Packen Sie es an. Nehmen Sie sich Zeit für die schönen Dinge des Lebens.

I.
Eltern heute – Warum Eltern unter Druck stehen und wie sie sich daraus befreien

Jan und Manuela gehören zu den 180-Prozent-Eltern. Sie gehören zu den Eltern, die die Bedürfnisse ihrer Kinder ernst nehmen möchten und ihnen eine schöne Kindheit bieten wollen. In der Schule unterstützen sie die beiden älteren, wann sie nur können. Gemeinsames Erledigen der Hausaufgaben bis spät in die Nacht ist dabei keine Seltenheit. Das verlangt einiges von ihnen selbst ab. Oft fühlen sie sich dabei überfordert. Auch der Jüngste soll es in der Kita (Kindertagesstätte) gut haben, sein Wohl liegt ihnen sehr am Herzen. Ihre Kinder sollen glücklich sein. Jan und Manuela fühlen sich für deren Zukunft verantwortlich.

Immer wieder plagt sie jedoch das Gefühl, es nicht gut genug zu machen. Sind sie wirklich gute Eltern? Immerhin sind sie nicht nur Eltern dreier Kinder, sondern auch beide berufstätig. In ihrem Job geben sie alles. In letzter Zeit wird es ihnen aber auch in der Arbeit oft zu viel. Es bleibt zu wenig Zeit für ihre Partnerschaft oder Hobbys, die sie früher so gerne gemeinsam ausübten. Jan und Manuela haben immer öfter das Gefühl, zwischen all den Anforderungen, die sie täglich zu bewältigen haben, auf der Strecke zu bleiben. Zu Hause zanken sie mehr, als ihnen lieb ist, und sagen Dinge zueinander, die sie anschließend bereuen oder gar nicht so gemeint haben. Auch den Kindern gegenüber reagieren sie immer öfter gereizter.

Kennen Sie ähnliche Situationen aus Ihrem Leben? Ganz bestimmt fühlen Sie sich in der einen oder anderen Situation überfordert. Sie können weder gelassen reagieren, noch entspannt Ihren Alltag verbringen? Werfen wir somit gleich zu Beginn einen Blick auf Sie. Im ersten Teil dieses Buchs werden wir uns speziell mit dem Thema Gelassenheit und einem stressfreien Lebensstil in Ihrem Alltag beschäftigen.

Die Rolle der Eltern

Die Rolle der Eltern hat sich mit den Jahrzehnten markant verändert. Waren Kinder vor fünf Jahrzehnten noch ein selbstverständlicher Bestandteil einer (Groß-)Familie, ist Elternschaft heute eine Option. Die klassische Familie kommt kaum noch vor. Heute wird in allen möglichen und unterschiedlichsten Formen zusammengelebt. In der Arbeitswelt sollen Eltern am besten immer und flexibel zur Verfügung stehen. Die Wirtschaftsentwicklungen der letzten Jahrzehnte macht es Eltern nicht gerade leicht. Elternschaft erschwert die Teilnahme am freien Wettbewerb.

Gleichzeitig ist seit den 1980er-Jahren eine starke Pädagogisierung der Elternrolle zu beobachten. Erziehungsstile, geprägt von Gehorsam, Anpassung und Pflichtbewusstsein, wurden von einem partnerschaftlichen Erziehungsstil abgelöst. Eltern gelangen durch viele dieser Umstände immer häufiger an die Grenzen ihres erzieherischen Handelns. Sie erlegen sich auch vermehrt den Druck auf, alles richtig machen zu wollen. Immerhin fühlt sich ein Drittel der Eltern im Erziehungsalltag »oft bis fast täglich« gestresst.[2]

Viele Eltern fürchten, ihrer Aufgabe nicht gewachsen zu sein. Sie haben etwa Angst davor, ein klares Nein auszusprechen. Sie umgehen damit nervenaufreibende Konfliktsituationen mit dem Nachwuchs. Meist fehlt es an etwas ganz Wesentlichem: an Zeit. Viele Familien haben nur wenig Zeit für gemeinsame Momente. Es fehlt an Eltern, die Zeit haben für sich selbst, für ihre Kinder und das, was sie gern machen. Eltern, die Zeit mitbringen, um miteinander, mit ihren Freunden oder ihren Kindern zu reden. Eltern, die zwischen all den Anforderungen dennoch das Leben genießen können.

Beatrice hat einen wichtigen Abgabetermin. Ihr Artikel muss bis morgen fertig sein. Noch einmal will sie ihren Chef nicht enttäuschen. Sie hatte in letzter Zeit so viele andere Dinge um die Ohren, dass sie sich nicht richtig auf ihre berufliche Arbeit konzentrieren konnte. Ihr Sohn Markus ist vier Jahre alt. Er besucht die Kita und geht gerne dorthin. In letzter Zeit aber war er öfter krank. Öfter, als Beatrice es sich »leisten« konnte, von der Arbeit fernzubleiben. Und jetzt das: Ein Anruf der Erzieherin aus der Kita zieht Beatrice den Boden unter den Füßen weg. Markus hat Fieber. Nicht hoch, aber er muss abgeholt werden. Beatrice weint ins Telefon: »Ich kann Markus jetzt nicht abholen. Ich muss bis morgen meinen Artikel abgeben, sonst verliere ich meinen Job.« Sie legt den Telefonhörer auf. Eine gefühlte Ewigkeit vergeht, bis ihr bewusst wird, was sie eben getan hat. In Wahrheit waren es wahrscheinlich ein paar Millisekunden. Beatrice ist schockiert über sich selbst. Was hat sie gerade gemacht? Sie erkennt sich selbst nicht wieder. Markus ist krank und sie will ihn nicht nach Hause holen. Weinend klappt sie den Laptop zu und macht sich so schnell wie möglich auf den Weg in die Kita. Sie nimmt Markus entgegen. Er schmiegt sich in ihren Arm. Es tut ihr so leid. Wie kann sie sich selbst jemals verzeihen? Die Erzieherin bittet Beatrice in ihr Büro. Beatrice kann nicht anders, sie beginnt zu heulen. Die Erzieherin tröstet sie und versichert ihr, dass alles wieder gut werden würde. Trösten gehört eigentlich nicht zu deren Aufgaben, aber in letzter Zeit kommen immer mehr überforderte Eltern in ihr Büro und schütten bei der Pädagogin ihr Herz aus.

Angelika, Leiterin eines Kindergartens, beobachtet Ähnliches in ihrem Arbeitsalltag: »Immer mehr Eltern bekommen eine kühle Ausstrahlung. Nicht aus einer Böswilligkeit heraus. Sondern weil sie maßlos überfordert sind. Mit ihrem Job, ihrem Kind, mit den vielen Anforderungen, denen sie ausgesetzt sind. Der Druck ist überall hoch. Viele Eltern kommen in mein Büro und weinen. Sie sehen keinen Ausweg aus dieser Spirale. Der Arbeitgeber verlangt natürlich Leistung. Aber das funktioniert nicht mit kleinen Kindern. Die brauchen Zeit und wollen einfach einmal gehalten werden.«

Verantwortung übernehmen

Wer die Situation für Kinder verbessern will, muss natürlich zuallererst bessere Rahmenbedingungen für Eltern schaffen. Doch abgesehen von den Rahmenbedingungen liegt es an Ihnen selbst, wie

Sie mit dem Thema Zeit in Ihrem Leben umgehen. Ich behaupte jetzt mal ganz keck, dass es nur an Ihnen liegt, sich für einen gelasseneren Lebensstil zu entscheiden.

Selbst wenn der Alltag von äußeren Gegebenheiten abhängig ist, übernehmen doch vorwiegd Sie die Verantwortung dafür, wie Sie mit Ihrer Familie leben und Ihre Kinder erziehen möchten. Vielleicht haben Ihre Eltern oder Geschwister, Ihre Arbeitskollegen oder Ihr Chef andere Ideen dazu und meinen es besser zu wissen als Sie. Aber am Schluss ist es doch Ihre eigene Entscheidung, wie Sie leben.

Ich kann verstehen, wenn Sie jetzt verärgert dieses Buch zuklappen und es nie wieder aufschlagen. Es ist auch Ihr Recht. Doch sehen Sie es mal so: Außer Ihnen hat niemand die Macht, Ihr Leben zu verändern. Ist das nicht ein großartiger Gedanke? Da Sie noch dran sind und das Buch bis jetzt nicht zur Seite gelegt haben, lade ich Sie ein, noch ein Stück weiterzulesen. Es wird einfacher, als Sie es sich vielleicht momentan vorstellen können.

Wie möchten Sie Ihr Leben verbringen? Von einem Termin zum anderen hetzend, gestresst und genervt – oder gelassen, bewusst und entspannt. Haben Sie Lust darauf, wieder einmal Zeit mit Lachen und einem Gefühl der inneren Zufriedenheit zu verbringen? Sie müssen wissen, in Ihnen und Ihrer Familie schlummert ein riesengroßes Potenzial, das sich nur in einem gelassenen, stressfreien Lebensalltag entfalten kann.

Jemand hat mir mal gesagt, die Zeit würde uns wie ein Raubtier
ein Leben lang verfolgen. Ich möchte viel lieber glauben,
dass die Zeit unser Gefährte ist, der uns auf unserer Reise begleitet
und uns daran erinnert, jeden Moment zu genießen,
denn er wird nicht wiederkommen. [...]
Was wir hinterlassen, ist nicht so wichtig wie die Art,
wie wir gelebt haben.

Captain Jean-Luc Picard (Star Trek: Die nächste Generation)

Produktivität

#ScienceFiction #multidimensionale #zukunftsorientierte #immer-funktionsfähige #einsatzbereite #Eltern

Es ist für die Industrie zur Normalität geworden, alle Arbeitsabläufe auf die kleinsten Zeitreserven zu überprüfen. Hinter dem Wort Effektivität steht die Vorstellung, man wäre nur dann wettbewerbsfähig, wenn man bei der Arbeit jeden Bruchteil einer Sekunde optimal nutzt. Den idealen Arbeiter müsste man sich dann als eine *Art Roboter vorstellen, der nie ermüdet, immer im gleichen hohen Tempo arbeitet und sich nicht einmal ablenken lässt. Produktivität heißt für uns, in möglichst kurzer Zeit möglichst viel herzustellen.*[3]

Alexandra zerreißt sich oft zwischen den Anforderungen am Arbeitsplatz und den Aufgaben, die sie zu Hause als Mutter zu erledigen hat. Immer wieder stellt sie fest, dass sie viel gelassener war, als ihre Kinder noch sehr klein waren. »Na ja, einerseits ging ich noch nicht arbeiten, somit fiel ein großer Stressfaktor weg. Aber was soll ich machen, die Arbeitswelt der Erwachsenen und die Lebensräume der Kinder wurden von der Wirtschaft getrennt. Das macht ganz viel Stress. Ich muss meine Kinder versorgt wissen, während ich arbeite. Wo bleiben sie, wenn sie z. B. krank sind oder Ferien haben? Es wäre leichter, wenn ich mehr von zu Hause aus arbeiten könnte oder die Kita in unmittelbarer Nähe meiner Arbeitsstelle wäre ... Was macht mir noch Stress? Als meine Kinder älter geworden sind, ist das Gefühl in mir immer stärker geworden, ich muss sie auf das Leben, sprich die Wirtschaft und Berufstätigkeit vorbereiten. Ist es fair zu sagen: ›Nein, wir machen da jetzt einfach nicht mit‹?«

Der Beruf fordert die Eltern, und zu Hause stehen ebenso tausend Dinge an. Pro Kind wächst die To-do-Liste: Hausaufgaben erledigen, Vokabeln abfragen, gesunde Jause in der Kita herrichten, Abschlussgeschenke für die ErzieherInnen besorgen, Geld für die Schwimmtage einzahlen, Elternsprechtage besuchen und so weiter und so fort. Auf dieser Liste wurde weder gekocht, geputzt, die Wäsche gemacht, die Reifen gewechselt oder der Rasen gemäht.

Geschweige denn, den Kindern etwas vorgelesen, mit ihnen gekuschelt oder ein Spiel gespielt.

Was sind wir Eltern eigentlich? Ich stelle mir manchmal vor, wie ich in einer Science-Fiction-Version von mir selbst aussehen würde. Ich hätte mindestens acht Arme, drei Gehirne und einen Akku, der sich niemals leert.

? *Wussten Sie, ...*

... was sich Eltern wünschen und was sie brauchen? Laut der groß angelegten Studie »Eltern unter Druck«[4], die in Deutschland durchgeführt wurde, wünschen sich Eltern:

- vor allem eine größere gesellschaftliche Wertschätzung, indem ihre Bedürfnisse stärker als bisher berücksichtigt werden. Sie sehen, dass sie in der politischen Diskussion überhaupt nicht vorkommen.
- Vereinbarkeit von Familie und Beruf. Sie wollen keine Entweder-oder-Entscheidung treffen müssen. Sie wünschen sich eine familiengerechte Personal- und Zeitpolitik in Unternehmen, eine Ausweitung von Teilzeit- und Heimarbeitsplätzen und eine verbesserte Betreuungssituation für die Kinder.
- ein kinderfreundliches Klima. Sie fordern eine größere Akzeptanz und Wertschätzung in der Öffentlichkeit, sei es in Restaurants und Cafés, im Wartezimmer beim Arzt, bei Behörden, Ämtern, Banken, in Supermärkten oder bei der Wohnungssuche.
- einen leichteren Wiedereinstieg in den Beruf nach der Kinderzeit.
- eine stärkere finanzielle Unterstützung. Elternschaft darf nicht zum Armutsrisiko werden.

- eine qualitativ bessere Bildung für ihre Kinder in kleineren Klassen und Lehrer, die auf die Kinder eingehen und sie motivieren. Sie benötigen eine Entlastung, keine zusätzliche Belastung, z. B. durch Überantwortung schulischer Aufgaben (Hausaufgabenbetreuung etc.).

Einfach mal runterkommen

Definitiv bleibt bei einem hektischen Lebensstil zu wenig Zeit für aufrichtige Beziehungen, Nähe und Wärme, für Freizeit und Erholung. Viele Eltern erkennen sich zwischen den Herausforderungen, die täglich auf sie einströmen, nicht wieder. Sie sagen Dinge, die sie so nicht sagen wollten. Sie handeln anders, als sie das jemals von sich selbst erwartet hätten.

Es wird Zeit, runterzukommen vom »Schneller, Mehr und Besser«, von den zu hohen Ansprüchen an sich selbst und an die Kinder. Sie bekommen kein goldenes Abzeichen, wenn Sie zu den 200-Prozent-Eltern gehören. Und auch Ihre Kinder haben ein Recht darauf, einfach einmal mittelmäßig sein zu dürfen.

Alle Eltern wünschen sich letztendlich, den Alltag gelassener und entspannter zu leben. Speziell im Zusammenleben mit ihren Kindern. Laut einer IMAS-Umfrage[5] bedauern vierzig Prozent der Österreicher, nicht genügend Zeit mit den eigenen Kindern verbracht zu haben.

Die Stressfalle

Eine Geschichte

Die alte Frau und das Kind gehen den Weg durch die Streuobstwiesen. Manchmal springt das Kind voraus, manchmal geht es neben der Frau. In der einen Hand hält es die Hacke der Alten, mit der anderen hat es ihre freie Hand gefasst, und es erzählt, während die Füße den Weg schon finden. Der Weg steigt sanft den Hang hinauf und geht hinein in den Wald. Am Waldrand, ein Stück neben dem Weg, hat sich die Frau auf einer Bank niedergelassen. Die Hacke lehnt neben ihr. Ihre Augen sind in der Sonne geschlossen. Das Kind spielt in den Wiesen, bläst auf einem gepflückten Halm und singt mit den Vögeln. Einmal hat ein Mann die Alte entdeckt und ruft sie an: »Schönen Tag«, *ruft er vom Weg herüber. Die Alte richtet sich etwas auf und fasst nach der Hacke. Sie nickt ihm zu, lächelt. Sie plaudern ein wenig. Als er weitergegangen ist, fragt das herbeigesprungene Kind.* »Warum hast du eigentlich immer die Hacke dabei, wenn wir zu unserem Platz gehen, Oma?« *Die Alte streicht sich eine Haarsträhne aus dem Gesicht und antwortet:* »Damit die Leute nicht denken, ich gehe müßig.« »Was ist ›müßiggehen‹?«, *fragt das Kind.* »Wenn wir einfach so in den Wiesen sind, ohne etwas zu tun zu haben«, *sagt die Großmutter,* »nur weil es schön ist.« *Das Kind nickt. Es hat viel zu tun gehabt in den Wiesen. Und es hat eine Feder gefunden. Schwarz und weiß ist sie, die Feder einer Elster. Die zeigt es der Großmutter. Die Feder ist schön.*[6]

Es gehört zum guten Ton unserer Gesellschaft, immer etwas zu tun zu haben. Je mehr Stress, desto höher das Ansehen. »Der hat aber viel zu tun. Er muss ja unglaublich wichtig sein«, sagte letztens meine Schwiegermutter über unseren Nachbarn.

Stress ist nichts Schlimmes, solange er seinen Zweck erfüllt und dosiert vorhanden ist. Er begleitet uns Menschen, seit wir diesen Planeten bewohnen. Stressreaktionen spielten schon eine sehr wichtige Rolle im Leben unserer Vorfahren. Nur indem genügend Adrenalin ausgeschüttet wurde, sobald sie einem wilden

Tier gegenüberstanden, konnten sie in Sekundenschnelle ausreichend Energie freisetzen, um entweder zu fliehen oder anzugreifen. Wurde das Tier erlegt, war der Stress auch schon wieder vorbei, und am Abend beim Lagerfeuer wurde gemeinsam gegessen und gegenseitig wurden Geschichten erzählt.

Unsere Gesellschaft hat sich zwar weiterentwickelt, wir reagieren jedoch gleich wie unsere Steinzeit-Vorfahren. Wir flüchten oder greifen an, manchmal erstarren wir auch. Nicht vor dem Säbelzahntiger, sondern vor dem Chef, vor dem Straßenverkehr, dem Abwasch, vor den Nachrichten oder den Wutausbrüchen unserer Kinder.

Wir erleben stressige Zeit nicht nur ab und zu, sondern ständig. Es bleibt in diesem Alltagschaos kaum Zeit, das ausgeschüttete Adrenalin wieder abzubauen. Wir sind körperlich angespannt, nervös und gereizt. Je öfter wir »die Hacke in der Hand« haben, auch wenn vielleicht gerade mal nichts zu tun wäre, desto mehr geraten wir in die Stressfalle.

Der Stress hindert uns daran, unsere Kinder zu erleben (*plötzlich ziehen sie aus …*), unseren Partner zu sehen (»*Ach wirklich, du warst beim Frisör?*«), uns selbst zu spüren (»*Seit Wochen habe ich Kreuzschmerzen, aber ich hab keine Zeit, zur Wirbelsäulengymnastik zu gehen*«). So gerät das Leben immer mehr an die Oberfläche. Es ist ein Dahintreiben im Strom der Anforderungen rundherum. Müssen wir deshalb zurück in die Steinzeit? Ich denke nicht. Denn ehrlich gesagt flüchte ich lieber vor dem Wäscheberg oder dem Chef als vor einem Säbelzahntiger. Meine Überlebenschancen sind dabei definitiv höher.

Warum fühlen sich die meisten von uns ständig gestresst?
Was hat sich gesellschaftlich gesehen verändert? Warum stehen wir andauernd unter Strom? Drei Faktoren spielen eine zentrale Rolle, um in die Stressfalle zu geraten:

1. Veränderungen in der Arbeitswelt

Es ist nicht zu übersehen, dass sich in den letzten Jahren die Voraussetzungen am Arbeitsmarkt verändert haben. Häufig verteilt sich mehr Arbeit auf weniger Personen. Die Menge der Aufgaben wächst zunehmend.

Wie geht es Ihnen in Ihrer Arbeit? Machen Sie mehr Dinge, als Sie auf Dauer gesehen eigentlich erledigen können?

2. Freizeitangebote

Die Möglichkeiten an Freizeitangeboten wachsen ebenso zunehmend. Weihnachts-Backkurse, Rollerskaten bei Nacht, Freiluftkino, Bogenschießen für Anfänger, Sensenkurse für alleinstehende Väter, Schachclubs für gestresste Mütter. Das was bei der Arbeit zu viel wird, versuchen die meisten mit sogenannten Hobbys auszugleichen. Vielleicht finden sie dort ihr Glück? Vielleicht wäre es aber auch schade, etwas zu verpassen? Dank der Elektrizität kann die Nacht zum Tag gemacht werden.

3. Perfektionswahn

Und dann gibt es noch den weitverbreiteten Perfektionswahn. Gehören Sie auch zu denjenigen, die sich selbst die Messlatte immer höher legen? Selbst gemachter Streuselkuchen für das nächste Schulfest, die Wohnung immer tipptopp zusammengeräumt, immer perfekt gestylt und ganz bestimmt immer freundlich und nett? Die perfekte Hausfrau, der perfekte Hausmann, perfekt im Beruf, die perfekte Familie? Verabschieden Sie sich von Ihrem Perfektionswahn besser früher als später! Sie werden es nie allen recht machen können oder immer alles perfekt hinbekommen. Diese Haltung macht einfach nur Stress und hält uns von einem gelassenen Familienleben weit fern.

Für einen Moment träumen

Erinnern Sie sich an die Geschichte mit der Hacke? Wäre es nicht schön, wieder einmal wie dieses Kind über Wiesen und Felder zu laufen, ohne die Hacke in der Hand zu halten? Haben Sie Ihre Hacke immer dabei? Oder können Sie sie auch mit gutem Gewissen zur Seite legen?

! Übung

Schließen Sie für einen kurzen Moment die Augen und stellen Sie sich vor, Sie gingen den Weg durch die Streuobstwiesen. Erspüren Sie, welches Gefühl sich in Ihnen ausbreitet. Was nehmen Sie wahr?

- Haben Sie Ihre Hacke jederzeit griffbereit, falls Sie einem Bekannten begegnen?
- Haben Sie Ihre Hacke etwa gar nicht mitgenommen?
- Spielen Sie mit dem Kind?
- Sehen Sie ihm zu?
- Wem begegnen Sie?

Von Krokodilen und kuscheligen Kätzchen

Seit nun schon sehr langer Zeit studieren Wissenschaftler das menschliche Gehirn. Aber erst in den vergangenen zehn Jahren wurden Entdeckungen gemacht, die einfach atemberaubend sind.

Darf ich Sie einladen auf einen kurzen Ausflug ins Land der Gehirnforschung? Keine Angst, wir bleiben auch nicht lange. Sie werden jedoch einiges besser verstehen und somit auch leichter in

Ihr Leben integrieren können. Was das alles mit Krokodilen und kuscheligen Kätzchen zu tun hat, erfahren Sie in den nächsten Zeilen.

Auf Paul D. MacLean geht das vereinfachte Modell des menschlichen Gehirns zurück. Er beschreibt drei stammesgeschichtlich unterschiedliche Grundtypen: das Stammhirn, das limbische System und das Großhirn. Diese drei »Gehirne« sind vielfach neuronal miteinander verbunden. Jedoch stammen sie aus unterschiedlichen Epochen unserer evolutionären Vergangenheit.[7] Und genau diese unterschiedlichen Funktionen erschweren uns oft manches im Alltag.

Das Stammhirn

... wird auch der Hirnstamm oder das Reptiliengehirn genannt. Ein unschöner Gedanke, das Gehirn eines Reptils im Kopf zu haben, nicht wahr? Der Name kommt daher, da dieses Gehirn auch bei den Reptilien weitgehend ausgebildet ist. Somit gehört es zum ältesten Bereich des menschlichen Gehirns. Es hat sich bereits vor rund 500 Millionen Jahren im Lauf der Evolution entwickelt und ist vorwiegend für vorprogrammiertes Verhalten zuständig wie Atmung, Herzschlag, Verdauung, Wachen und Schlafen – also alles, was in unserem Körper automatisch abläuft. Instinktive Reaktionen sind hier ebenfalls angelegt, wie etwa »Kampf-Flucht-Reaktionen«. Das Reptiliengehirn kennt keine emotionale Bindung oder Zuwendung. Oder könnten Sie sich vorstellen, dass ein Krokodil als Haustier mit Ihnen kuschelt oder Sie schon sehnsüchtig an der Tür erwartet, wenn Sie nach Hause kommen?

• Herzschlag
• Verdauung
• Geschlechtstrieb
• Blutdruck
• Temperaturregelung
• Kampf-Flucht-Reaktionen

- Atmung
- Kreislauf

Das limbische System

Die zweitälteste Struktur des menschlichen Gehirns ist das limbische System. Es liegt über dem Stammhirn. Es wird auch Säugetiergehirn oder emotionales Gehirn genannt, das wir Menschen unter anderem mit Kaninchen oder Katzen teilen. Mit diesen Tieren lässt es sich definitiv leichter »kuscheln«. Somit sind in diesem Teil des Gehirns die Emotionen zu Hause. Es entwickelte sich vor ungefähr 200 Millionen Jahren. Säugetiere wurden in die Lage versetzt, sich nicht mehr nur allein der Befriedigung ihrer primären Bedürfnisse zu widmen. Es ging jetzt auch vermehrt um elementare Gefühlsregungen wie Verbundenheit, Freude oder die Sorge um den Nachwuchs. Auch Spielen und spielerisches Lernen wurde möglich. Lernen durch Nachahmung sowie die nötige Motivation für das Lernen und Handeln haben im limbischen System ihren Ursprung.

- Sorge um den Nachwuchs
- Angst
- Liebe
- Lust
- Spieltrieb
- Lernen durch Nachahmen

Das Großhirn

Das Großhirn stellt den größten und höchstentwickelten Teil des Gehirns dar. Es ist in zwei Hälften aufgeteilt, die äußerlich sichtbar durch eine große Längsfurche (Fissura longitudinalis cerebri) getrennt sind. Auch Säugetiere haben ein Großhirn. Der Frontalhirnlappen hat sich jedoch bei keinem Tier so ausgebildet wie beim Menschen.

Die Netzwerke, die im Frontallappen (präfrontaler Cortex) liegen, werden herausgeformt durch all das, was wir erlebt haben, durch persönliche Erfahrungen. Dieser Bereich des Gehirns wird immer dann aktiv, wenn wir bewusst überlegen, was und warum wir etwas tun wollen. Wenn wir Entscheidungen treffen, Handlungen planen und die Folgen von Handlungen abschätzen.[8]

Speziell menschliche Eigenschaften werden somit vom Großhirn, vor allem vom präfrontalen Cortex aus gesteuert: Einfühlungsvermögen, Kreativität, Mitgefühl, Verantwortungsbewusstsein oder das Selbstwertgefühl – also alles, was uns Menschen ausmacht. Jedoch darf keine Gefahr im Verzug sein. Wird eine Bedrohung wahrgenommen oder geht es ums reine Überleben, greift das Gehirn auf die archaischen Gehirnstrukturen zurück. Erst wenn keine »Gefahr« mehr droht, stellt sich der Modus wieder um auf Wachstum, Lernen und neue Erfahrungen sammeln. All das ist nur in einem sicheren Rahmen möglich, sowohl bei Kindern als auch bei Erwachsenen.

Wir können also anderen und uns selbst nur dann gelassen und entspannt begegnen, wenn wir selbst nicht gerade in einem Kampf-Flucht-Verhalten feststecken. Gestresste »Gehirne« können nicht ruhig und gelassen reagieren, wenn zum Beispiel ein Kind das Essen am Tisch verstreut. Sie konnen nicht innere Haltung bewahren oder klar kommunizieren, wenn das Kind sich einfach nicht die Schuhe anziehen will, obwohl es schon so spät ist. Es ist unmöglich, entspannt zu bleiben, wenn Ihr Chef bis morgen einen Bericht über die letzte Teamsitzung verlangt und gleichzeitig Ihre Kinder Hunger haben, die Hausaufgaben noch nicht erledigt sind und die Jüngste gerade Fieber bekommt. Es funkt immer wieder dieses verdammte »alte« Gehirn dazwischen. Man ist genervt, schreit schneller, als man möchte, und überreagiert.

- Einfühlungsvermögen
- Kreativität
- Mitgefühl
- Verantwortungsbewusstsein
- Selbstwertgefühl

Michel Odent sagte einmal: »Der Mensch ist dazu verdammt, mit zwei Hirnen zu leben: dem alten und dem neuen Hirn.«[9]

Das Fass läuft über

Jetzt verstehen Sie vermutlich, warum so oft automatisierte Reaktionen ablaufen. Diese Stressreaktionen werden durch Belastungen am Arbeitsplatz, Leistungsdruck, Termindruck, erhöhten Perfektionsdrang, Kindergeschrei, Kekskrümel am neuen weißen Teppich oder auch durch ständigen Lärm und Autoverkehr ausgelöst. Das Fass läuft einfach über. Eine Sofortmaßnahme wäre, in regelmäßigen Abständen dafür zu sorgen, dass auch Sie Zeit bekommen, um sich zu entspannen. Wie auch immer das bei Ihnen aussehen mag. Manche entspannen sich beim Sport, andere bei einer Massage, wieder andere bei einem Waldspaziergang. Wichtig ist nur, dass Sie regelmäßig Pausen und Erholung einlegen, wenn Sie nicht ständig aus Ihrem »alten Gehirnmodus« heraus reagieren wollen. Somit können Sie im Alltag gelassener handeln und Ihr gesamtes Familienleben wird entspannter verlaufen. (Dazu mehr im Kapitel »Mit Selbstregulation zu einem gelassenen Familienalltag«.)

Schritte zur Gelassenheit

Innere und äußere Gelassenheit

Wäre es nicht einfach, wenn alle äußeren Umstände so gerichtet wären, dass es Ihnen ganz leicht fiele, immer gelassen zu bleiben? Die Kinder zanken nie, Ihr Partner ist immer gut drauf, die Wohnung räumt sich von selbst zusammen und in der Schule werden nur Einsen geschrieben. Darauf können Sie lange warten, und ehrlich gesagt wäre dieses Leben auch ziemlich langweilig, nicht wahr? Tatsächlich denken manche Menschen, dass sie erst dann gelassen sein können, wenn sie alle äußeren Gegebenheiten so gerichtet haben, dass es für sie passt. Doch wie gesagt wird dies nie gelingen. Natürlich müssen wir uns auch so einiges im Außen richten, um die gewünschte Gelassenheit leichter zu erreichen. Das steht fest. Dazu aber später mehr. Auf den nächsten Seiten wollen wir uns vorerst mit der inneren Gelassenheit beschäftigen. Wie können Sie trotz der vielen täglichen Anforderungen zur inneren Gelassenheit finden?

Gelassenheit freudvoll üben

Gelassenheit ist kein Zustand. Außer dem Dalai Lama fällt mir niemand ein, der andauernd gelassen und entspannt wirkt. Gelassenheit muss geübt werden. Immer und immer wieder. Wiederholung ist wichtig, denn es gibt nicht den Dauerzustand der Gelassenheit. Wir sind damit ständig im Prozess, immer wieder müssen wir uns daran erinnern und üben. Wir müssen es bewusst trainieren, auf bekannte und unbekannte Situationen gelassen zu reagieren. Das Üben soll jedoch Spaß machen. Es hat keinen Sinn, einen entspannten Lebensstil verbissen erreichen zu wollen. Lassen Sie sich Zeit! Seien Sie nicht zu streng zu sich selbst.

Erster Schritt

Der erste Schritt in Richtung Gelassenheit ist, sich selbst und die innere Haltung zu hinterfragen. Wie geht es Ihnen, wenn Sie das lesen? Wie sieht Ihr Tagesablauf aus? Gibt es Zeiten, in denen Ihre Bedürfnisse und Wünsche befriedigt werden? Sind Sie entspannt und gelassen oder stehen Sie unter Dauerstress?

Die beste Lösung ist natürlich, gegen den Stress vorzubeugen. Es ist wichtig, wieder zu lernen, für sich selbst zu sorgen. Schaffen Sie sich immer wieder kleine Inseln der Ruhe im Alltag. Zeiten, in denen Sie einfach ins Sein kommen, ohne etwas »tun« zu müssen. Ohne für jemand anderen zur Verfügung zu stehen oder sich aufzuopfern. Reagieren Sie nicht immer mit einem freundlichen Lächeln, wenn Ihnen nicht danach zumute ist. Nur wenn Sie sich selbst Gutes tun, wird dies auch Ihrer ganzen Familie zugutekommen.

❗ Übung

Stellen Sie sich am Abend folgende Fragen:
- Habe ich mich heute bewusst wahrgenommen und gespürt?
- War ich heute glücklich, entspannt, ausgelassen und optimistisch? Oder war ich bedrückt, gereizt, pessimistisch und unglücklich?
- Was habe ich dazu beigetragen?
- Hatte ich Zeit, meinen Bedürfnissen Ausdruck zu geben?
- Hatte ich Zeit, mich fallen zu lassen und auch einfach einmal nichts zu tun?
- War heute Zeit für Berührungen, Blickkontakte und zum Lachen?

Wenn Sie bereits ein paar dieser Fragen nicht zufriedenstellend beantworten können, streichen Sie Aktivitäten, die Sie stressen, wo es nur geht. Lassen Sie sich auf ein Experiment ein und reduzieren Sie! Sagen Sie Termine ab, verabschieden Sie sich von der Vorstellung der »perfekten Mutter« oder des »perfekten Vaters«. Alle in der Familie werden erleichtert aufatmen. Manches werden Sie in Ihrem Berufsalltag oder Tagesablauf aufgrund der äußeren Gegebenheiten nicht ändern können. Aber es gibt sicherlich noch einiges, das Sie ab jetzt drosseln oder streichen können.

❗ Übung

Die Fee
Mithilfe dieser einfachen Übung können Sie sehr rasch Ihre eigenen Wünsche und Bedürfnisse herausfinden. Stellen Sie sich einfach einmal vor, eine Fee käme im Schlaf zu Ihnen. Sie hätte genug Zauberkraft, um den morgigen Tag ganz anders, als er sonst verläuft, zu gestalten. Besser, leichter, einfacher und entspannter.

- Was wäre morgen anders als heute?
- Was würden Sie als Erstes in der Früh machen?
- Was dann?
- Welcher Mensch in Ihrem Umfeld würde als Erster bemerken, dass die Fee gezaubert hat?
- Wie würde er es merken?
- Wie würden Sie sich morgen bewegen, wie würden Sie reden, was würden Sie den ganzen Tag lang machen?

Schreiben Sie diese Ergebnisse auf. Auch wenn die Fee nicht kommen wird, werden Ihnen die niedergeschriebenen Ergebnisse dabei helfen, auf wichtige Bedürfnisse, die in Ihrem Alltag zu kurz kommen, hinzuweisen. Und vielleicht steckt ja doch ein Kern Realisierbarkeit hinter Ihren Wünschen?

Eine Meditation dazu können Sie auf der Homepage der Autorin nachhören: **www.tanjadraxler.at**

Zeit sparen

Eine entspannte Grundhaltung wird Ihnen früher oder später viel Zeit ersparen. Sobald erst der eigene Stresspegel heruntergeschraubt wird und der Kontakt zu Ihnen selbst, Ihrem Partner und Ihren Kindern wiederhergestellt wurde, werden viele Dinge wie von selbst laufen. Es treten weniger Konflikte auf oder Sie können anders damit umgehen. Das kostet Sie somit auch weniger Energie. Außerdem ersparen Sie sich unter Umständen in den nächsten Jahren viele Arztbesuche, die Physiotherapie oder den Gang zum Psychotherapeuten.

Wenn Sie erst beginnen, Ihr Leben und Ihre Familie wieder mehr zu genießen, bekommen Sie auf lange Sicht viel Wunderbares zurück.

Wie geht es Ihnen?

Ein völlig erschöpfter Waldarbeiter bearbeitet einen Baumstamm. Da kommt ein Spaziergänger vorbei und sagt: »Deine Säge ist ja ganz stumpf. Du musst sie schärfen.« Der Waldarbeiter antwortet ihm: »Ich habe keine Zeit. Ich muss noch so viel sägen.«

Nicht erst seitdem es die Hirnforscher belegen, wissen wir, dass es schwer ist, eingefahrene Muster zu verlassen und altbekannte Routinen aufzugeben. Dieser Prozess kann in erster Linie nur gelingen, wenn man beginnt, sich selbst und seine Verhaltensmuster zu hinterfragen. Das Bewusstmachen von Mustern und Tagesabläufen ist der erste Schritt in die richtige Richtung.

Anton, Vater von drei Kindern, überlegt: »Ich frage mich oft: Gebe ich mir überhaupt selbst Zeit? Einen gelassenen Familienalltag zu leben, ist ja ein wunderbares Ziel. Aber es fängt doch immer nur bei den Erwachsenen an. Denn die Kinder haben Zeit. Die haben so viel Zeit. Und zwar ohne Ende in Hülle und Fülle. Aber die Erwachsenen haben die Zeit nicht mehr. Deshalb muss das Thema bei den Erwachsenen beginnen: Gebe ich mir überhaupt für mich Zeit?«

! Übung

Nehmen Sie sich ein paar Minuten Zeit, um die folgenden Fragen zu beantworten:

- Wie stehen Sie auf? (Leicht, müde, verspannt, fröhlich, ...)
- Wie verbringen Sie die erste Zeit des Tages?
- Mit welchem Gefühl beginnt Ihre alltägliche Arbeit?
- Wie ist das allgemeine Gefühl am Vormittag?
- Machen Sie mittags eine Pause? Wenn ja, wie lange?
- Wenn ja, wie verbringen Sie sie?

- Wie geht es dann am Nachmittag weiter?
- Haben Sie ein Nachmittagstief?
- Wenn Sie am Nachmittag arbeiten, wann beenden Sie die Arbeit?
- Was tun Sie danach? Wie erleben Sie es?
- Wann werden Sie müde?
- Nehmen Sie das wahr?
- Wann gehen Sie schlafen?
- Schlafen Sie normalerweise gut?

Wenn Sie, allgemein betrachtet, zufrieden mit Ihrem Tagesablauf sind, dann gratuliere ich Ihnen. Wenn Sie das Gefühl haben, dass Sie die meisten Fragen nicht zufriedenstellend beantworten können, dann wird es allerhöchste Zeit, etwas in Ihrem Leben umzustellen. Am besten gleich jetzt!

Slow Work

Falls Sie berufstätig sind, könnten Sie auch einmal ganz bewusst Ihre Arbeitssituation hinterfragen. Haben Sie schon einmal etwas von den »Slow Workern« gehört? Die »Slow Work«-Bewegung wächst und wächst. Ein Slow Worker fragt sich: »Wann bin ich eigentlich erfolgreich? Wenn ich mehr verdiene oder ganz schnell oben angekommen bin? Oder wenn ich glücklich und zufrieden bin, mich einfach wohlfühle in meiner Haut? Soll ich mein Wohlbefinden für Erfolgssymbole opfern?«

Anstelle klassischer Erfolgsmodelle tritt ein gesundes, neues Selbstbewusstsein. Das bisherige Verständnis von Erfolg wird auf den Kopf gestellt. Es geht nicht darum, den ganzen Tag faul auf der Couch zu liegen oder nichts mehr zu arbeiten. Jedoch wird effektiver gearbeitet. Ruhepausen und regelmäßiges Krafttanken nehmen dabei einen wesentlichen Stellenwert ein. Dem eigenen

Wohlergehen wird ein größeres Bewusstsein entgegengebracht und sich selbst begegnet man mit mehr Achtsamkeit.

Immer mehr Menschen entscheiden sich für diesen neuen Arbeitsstil. Sie machen ihr Lebensglück nicht ausschließlich von Macht oder Status abhängig. Sie verzichten vielleicht auch auf Gewohntes, um Zeit für anderes zu gewinnen. Sie stellen sich die Frage: »Was brauchen meine Familie und ich, damit es uns gut geht? Will ich in der Früh während des gemeinsamen Frühstücks mit den Kindern wirklich schon am Smartphone erreichbar sein? Sind einige Urlaubstage im Jahr nicht besser als ein paar Euro mehr auf dem Konto?« Elternteilzeit, Sabbatical, Teilzeit oder Homeoffice heißen die neuen Modelle der Slow Worker.

Um diesen Schritt zu gehen, braucht es Courage! Fassen Sie Mut, um Neues auszuprobieren, um ein Gespräch mit dem Chef zu führen oder sich einmal eine Auszeit zu gönnen. Sie sind nicht allein. Slow Worker gibt es immer mehr. Vernetzen Sie sich, tauschen Sie sich aus. Schieben Sie Ihr Glück nicht auf. Wenn nicht jetzt, wann dann?

Facebook-Umfrage

Was bedeutet für mich ein gelassenes Familienleben?[10]

#Viktoria: Ausschlafen, gemeinsam frühstücken, gemeinsam kochen und gemeinsam zu Mittag essen, auf die Alm gehen und danach, jetzt im Advent, gemeinsam feiern und singen.
#Karin: Zeit miteinander. Definitiv ein Teil davon in der Natur, Geschichten lesen, kuscheln und gutes Essen.
#Susanne: Gelassenheit in der Familie schaffen wir durch Vorplanen der Woche, damit die Tage auch für die Kinder überschaubar bleiben. Wenn sie wissen, was auf sie zukommt, sind

sie viel zufriedener und ruhiger in ihrem Wesen. Für meine innere Gelassenheit gibt es donnerstags immer Yoga im Studio, da kann ich auftanken. Wir genießen auch gerne die Zeit zu Hause oder mit Freunden.

#Katrin: Familienalltag heißt ja nicht Sonntag, mit welchem Plan auch immer, sondern das Tagtägliche. Da ist mir wichtig, dass die Kids morgens ohne Stress aufstehen und (der Große) zur Schule kommen. Dass nach dem gemeinsamen Mittagessen und den Hausaufgaben Zeit zum Spielen ist, auch gemeinsam etwas spielen, backen, basteln ... und dann gegen Abend auf den Papa warten, um ihm alles vom Tag zu erzählen, beim gemeinsamen Couchen (wenn nicht Papa und Louis auf den Bolzplatz gehen o. Ä.). Ja, couchen gehört auch dazu. Mit Nähe, schmusen, quasseln ... zusammen auch fernsehen. Alles mit Ruhe.

#Birgit: Ohne Stress und Zickereien (3 Kinder) den Tag beginnen, gemeinsam frühstücken, nach der Schule wenig Lernstress, Zeit, gemeinsam zu kochen oder zu backen und abends vorm Kamin lesen oder ein Brettspiel spielen und die Wärme und Ruhe genießen ...

Achtsame Präsenz

Achtsamkeit

Wir kommen zum eigentlichen Kernstück dieses Buches. Wenn Sie sich dieses Kapitel einverleiben und es nach und nach auch umsetzen können, dann steht der *ansteckenden Gelassenheit* nichts mehr im Weg.

Achtsamkeit ist der Schlüssel zu einem gelassenen Lebensstil und einem schöneren Miteinander. Mit ihrer Hilfe können Sie andauernden Stress oder ständige Konflikte, die mit der Zeit einfach unglaublich viel Energie rauben, reduzieren. Welchen Zweck soll ein gutes Zeitmanagement erfüllen, wenn Sie dennoch gedanklich schon immer beim nächsten Termin sind? Unser Familienleben wurde erst gelassener, als wir uns mit dem Thema Achtsamkeit auseinanderzusetzen begannen. Das ist doch ein alter Hut, denken Sie sich vielleicht. Aber haben Sie es wirklich schon mal ausprobiert? So richtig? Konnten Sie diese achtsame Präsenz tatsächlich schon in Ihren Tagesablauf integrieren und hat es Ihr Familienleben bereits entspannt? Dann können Sie gerne dieses Kapitel überspringen. Ansonsten empfehle ich Ihnen, es unbedingt zu lesen und auch umzusetzen.

Achtsamkeit in aller Munde

Neurowissenschaftler stellen mehr und mehr fest, welch positive Auswirkungen das Praktizieren von Achtsamkeit haben kann. Aber was können wir uns genau darunter vorstellen? Wenn von Achtsamkeit die Rede ist, wird sie meist wie folgt beschrieben: Achtsamkeit ist ein Wahrnehmen von Gedanken, Gefühlen und körperlichen Empfindungen. Die Aufmerksamkeit wird dabei ganz auf den gegenwärtigen Moment gelenkt. Es geht darum, »einfach da zu sein«, Dinge oder Situationen einfach wahrzunehmen, ohne sie gleich als gut oder schlecht zu bewerten.

Klingt ja toll, höre ich Sie jetzt sagen, aber wie soll das gehen? Wie soll ich achtsam sein, wenn täglich rund um mich das reine Chaos herrscht?

Seien Sie nicht zu streng mit sich selbst. Achtsamkeit ist so wie Gelassenheit kein Zustand. Oder kennen Sie jemanden, der andauernd nur achtsam durchs Leben geht? Ich nicht. Aber je öfter Achtsamkeit praktiziert wird, desto leichter geht sie uns von der Hand. So wie bei Beppo, dem Straßenkehrer aus dem bekannten Roman »Momo« von Michael Ende. Erinnern Sie sich an ihn? Er erzählt dem kleinen Mädchen Momo, wie er es anstellt, achtsam und sorgsam seine Arbeit zu verrichten.

Beppo

Beppo war Straßenkehrer. Er tat seine Arbeit gerne und gründlich. Er wusste, es war eine sehr notwendige Arbeit. Wenn er die Straßen kehrte, tat er dies langsam, aber stetig: bei jedem Schritt einen Atemzug und bei jedem Atemzug einen Besenstrich. Schritt-Atemzug-Besenstrich. Schritt-Atemzug-Besenstrich. Dazwischen blieb er manchmal ein wenig stehen und schaute nachdenklich vor sich hin. Und dann ging es wieder weiter: Schritt-Atemzug-Besenstrich ... Einmal erklärte er Momo seine großen Gedanken:

»Man darf nie an die ganze Straße auf einmal denken, verstehst du? Man muss nur an den nächsten Schritt denken, an den nächsten Atemzug, an den nächsten Besenstrich. Und immer wieder nur an den nächsten. Dann macht es Freude ...« [11]

Achtsamkeit verändert Hirnstrukturen

Diese Art der Wahrnehmung steht uns allen zu jeder Zeit offen. Und das Beste daran ist, es kann trainiert werden. Es lohnt sich. Üben Sie sich darin, von den Ablenkungen und der Zerstreutheit ins Hier und Jetzt zu kommen. Wie jede Tätigkeit, die wiederholt ausgeübt wird, hinterlässt das Üben von Achtsamkeit Spuren im Gehirn. Die Hirnstrukturen verändern sich auf lange Sicht in Richtung Zufriedenheit und Vitalität. Sie selbst werden dadurch gelassener, ausgeglichener und ganz nebenbei entwickeln Sie mehr Selbstvertrauen. Außerdem werden sich die Beziehungen zu den anderen Familienmitgliedern deutlich zum Positiven verändern.

Die Praxis der Achtsamkeit bereichert jeden Aspekt unseres Lebens, da sie die Art und Weise, wie wir die Welt wahrnehmen, in höchstem Maße positiv beeinflusst.

! Übung

Am besten, Sie beginnen gleich jetzt: Suchen Sie sich einen Gegenstand in Ihrer Nähe. Sehen Sie nur diesen Gegenstand an. Atmen Sie. Blenden Sie alles rund um den Gegenstand aus. Nehmen Sie seine Farbe, seine Form, seine Größe, sein Material genau wahr. Versuchen Sie den Gegenstand nicht zu bewerten. Tun Sie einfach so, als würden Sie ihn das erste Mal sehen. Tun Sie so, als ob Sie keinerlei Erfahrungen mit diesem Gegenstand gemacht hätten. Stecken Sie ihn in keine begrifflichen Schubladen. Sollten Ihre Gedanken einmal abschweifen, kehren Sie sofort wieder mit Ihrer ganzen Aufmerksamkeit zu diesem Gegenstand zurück.

Gerade eben haben Sie Achtsamkeit praktiziert. Sie sind wahrscheinlich mit Gefühlen, die Sie aus Ihrem Alltag kennen, konfrontiert worden, wie Unruhe, Langeweile, Zerstreutheit oder Widerwillen. Vielleicht haben Sie aber auch Momente wahrgenommen, in denen Sie ganz im Hier und Jetzt waren. Und genau um diese Momente geht es. Um das Wahrnehmen, ohne zu beurteilen. Ohne etwas als gut oder schlecht einzustufen.

Lust auf mehr?

Lust auf mehr bekommen? Dann gehen wir zur Fortgeschrittenen-Variante über. Anstatt die obige Übung mit einem Gegenstand zu machen, probieren Sie es doch am besten gleich an Ihrem Kind aus ...

! Übung

Beobachten Sie Ihr Kind, z. B. beim Spielen. Nehmen Sie Ihr Kind einfach nur wahr. Beurteilen Sie nicht, was Ihr Kind gerade macht oder wie es spielt. Lernen Sie Ihr Kind auf einer ganz neuen Ebene kennen. Halten Sie sich zurück, wenn gewohnte Emotionen aus Ihnen herausbrechen möchten. Greifen Sie nicht ein, wenn Ihr Kind die Bausteine auf vielleicht ungeschickte Art übereinanderstapelt. Bleiben Sie gelassen und zentriert. Bleiben Sie im Wahrnehmen.

Üben Sie sich immer wieder in dieser achtsamen Beobachtung. Wenn Konflikte auftauchen, distanzieren Sie sich innerlich für einen Moment und nehmen Sie die Situation einfach nur wahr. Sie werden merken, dass Sie diese innere Haltung auf dem Weg zu mehr Gelassenheit enorm unterstützen wird.

Denn äußere Anforderungen und Zeitdruck treiben bei uns den Stresspegel so in die Höhe, dass unsere Beziehungen darunter leiden. Stress wird zum Normalzustand und wir verlieren uns in einer sich selbst verstärkenden Reaktionsschleife. Achtsamkeit schenkt uns einen liebevollen Rahmen, um Dinge wieder mit anderen Augen zu sehen.

Sensoren und Antennen

Meine Kinder wurden ganz bestimmt mit feinen, unsichtbaren Antennen ausgestattet, die sofort reagieren, wenn ich gedanklich wieder einmal ganz woanders bin. Andererseits beruhigen sich manche Streitigkeiten rasch, wenn ich es schaffe, präsent und achtsam zu sein. Vor allem unsere älteste Tochter hatte als Baby feinste Sensoren. Wenn ich gestresst herumlief oder mir Sorgen um dies und jenes machte, fing sie an zu schreien. Und zwar so richtig. Als junge Mutter war ich oft total überfordert damit. Sie schrie und schrie und schrie.

Keiner hatte mir gesagt, wie ich damit umgehen konnte. Zum damaligen Zeitpunkt war mir auch nicht bewusst, dass ich eine gewisse Unsicherheit ausstrahlte. Die Schreiphasen in den ersten Monaten sind bei vielen Kindern selbstverständlich und ganz normal. Die Schreianfälle meiner Tochter gingen allerdings weit über die ersten Monate hinaus. Das verunsicherte mich enorm.

Eines Tages las ich in einem Buch ein Kapitel über Achtsamkeit und Präsenz. Ich probierte gleich aus, wozu mir geraten wurde. Als meine Tochter wieder zu schreien anfing, setzte ich mich ruhig mit ihr auf das Sofa. Ich hielt sie im Arm, blieb selbst achtsam und versuchte ganz im Hier und Jetzt zu sein. Ich sagte zu ihr: »Ich bin da. Ich halte dich. Ich verstehe, dass du dich jetzt aufregst und völlig durcheinander bist. Ich halte dich und bin ganz bei dir.« Es war wie ein Wunder. Meine Tochter beruhigte sich so rasch wie nie zuvor.

Ich konnte nicht glauben, was da gerade geschah. Konnte mir das denn keiner früher sagen? So einfach, so genial. Wie hatte ich sonst immer reagiert? Wenn meine Tochter zu schreien anfing, machte mich das furchtbar nervös, weil ich der Meinung war, es sei etwas ganz Schlimmes passiert. Ich machte mir alle möglichen Gedanken, lief mit ihr durchs ganze Haus. Ich ließ mich von ihrem Schreien anstecken und war alles andere als gelassen.

Bis zu jenem Zeitpunkt. Meine kleine Tochter wurde von Tag zu Tag entspannter und ausgeglichener. Sie hatte mich letztendlich gelehrt, ins Hier und Jetzt zu kommen. Sie hat mir auf ihre Art geholfen, präsent und achtsam zu sein. Dafür bin ich ihr heute noch dankbar. Und falls ich es zwischendurch vergesse, was ja immer wieder einmal vorkommt, erinnern mich meine Kinder mit ihren ganz »besonderen Alarmglocken« daran, ganz ins Hier und Jetzt zu kommen.

Es würde bestimmt auch uns Erwachsenen guttun, immer wieder einmal auf diese Weise gehalten zu werden. Einfach gehalten werden, ohne Ratschläge zu bekommen, ohne jemandem leidzutun oder auf die Nerven zu gehen. Im Hier und Jetzt.

Atem

Eine weitere Möglichkeit, in die achtsame Präsenz zu kommen, ist sich seines Atems bewusst zu werden. Bewusstes Atmen führt uns direkt ins Hier und Jetzt.

! *Übung*

Schließen Sie für einen Moment die Augen. Beobachten Sie Ihren Atem. Spüren Sie, wie Sie durch die Nase ein- und durch den Mund wieder ausatmen. Bleiben Sie mit Ihrer Aufmerksamkeit bei Ihrer Atmung. Bei jedem Ausatmen können Sie Spannungen abgeben. Sie werden dabei immer ruhiger und kommen Schritt für Schritt ins Hier und Jetzt. Nehmen Sie die Geräusche und Stimmungen um sich einfach wahr, ohne sie zu bewerten. Einfach nur wahrnehmen. Bleiben Sie noch einige Minuten in dieser Präsenz. Genießen Sie das Gefühl, ganz im Hier und Jetzt zu sein, bevor Sie mit Ihrer Aufmerksamkeit wieder zurückkommen und sich Ihrem Tagesgeschehen zuwenden.

Eine Meditation dazu können Sie auf der Homepage der Autorin nachhören: **www.tanjadraxler.at**

Achtsam im Alltag

Der nächste Schritt wäre, diese achtsame Präsenz in Alltagssituationen zu integrieren. Beginnen Sie mit Situationen in Ihrem Leben, die Sie nicht allzu sehr stressen oder nerven. Gehen Sie, wenn möglich, bewusst in diese Alltagssituation, wie z. B. die Wäsche aufzuhängen, E-Mails zu beantworten, den Rasen zu mähen oder das Abendessen zuzubereiten. Erinnern Sie sich während der Tätigkeit immer und immer wieder an Ihre achtsame Präsenz.

Jeder Mensch hat die Fähigkeit mitbekommen, achtsam zu sein und in sich selbst zu ruhen. Doch bei unserem zunehmend hektischen Lebensstil geht diese Fähigkeit oft rasch verloren. Je besser Sie in Kontakt mit sich selbst sind, umso leichter werden Ihnen die Anforderungen des Alltags gelingen. Umso harmonischer werden Sie Ihre Beziehungen gestalten. So werden Sie auch Ihren Kindern eine innere Haltung mitgeben, die unsere moderne Gesellschaft dringender als je zuvor braucht.

Achtsames Zuhören

Kommen wir noch einmal zurück zu »Momo«. Weiter oben habe ich Ihnen schon von Beppo, dem Straßenkehrer, erzählt. Aber auch Momo selbst verstand es wie kaum ein anderer, im Hier und Jetzt zu leben. Vor allem besaß sie ein besonderes Talent. Das kleine Mädchen verstand es zuzuhören, so wie es nur wenige vermögen. Momo hatte viele gute Freunde. Die Menschen liebten sie. Sie verbrachten gerne Zeit mit ihr, und wenn sie Rat brauchten, dann gingen sie zu Momo. Denn sie saß einfach da und hörte zu. Sie hörte so lange zu, bis die Menschen, die zu ihr gekommen waren, plötzlich Antworten auf ihre eigenen Fragen fanden. Schüchterne wurden mutig und dummen Leuten kamen gescheite Gedanken.[12]

Wann haben Sie das letzte Mal Ihren Kindern, Ihrem Partner oder Ihrer Freundin achtsam zugehört? Ohne gute Ratschläge zu erteilen, ohne andauernd von Ihren eigenen Problemen zu erzählen oder ohne nebenbei einer anderen Tätigkeit nachzugehen. Probieren Sie es auf jeden Fall aus. Sie werden Wunder erleben.

Eine besondere Klinik

Stuart Shanker erzählt in seinem Buch »Das überreizte Kind«[13] über eine Klinik in Australien, in der auf beeindruckende Weise allein durch »achtsame Präsenz« der Stresszyklus von Jugendlichen unterbrochen wird. Aborigine-Kinder leiden dort unter erheblichen Problemen, und zwar Süchten wie Alkohol oder Benzinschnüffeln. Die

Klinik wird von Stan, einem großen, stämmigen Mann geleitet. Er ist um die 60 Jahre alt und hat eine ruhige und mitfühlende Ausstrahlung. Wenn er mit den Jugendlichen die Therapie beginnt, spaziert er zuerst mit ihnen zwanzig Minuten an einem Fluss entlang. Dort wimmelt es von Vögeln und Wildtieren. Die Gruppe kommt nach dem Fußmarsch zu einer kleinen Lichtung und setzt sich dort unter einen alten Baobab-Baum. Das ist ein Baum mit einem enormen Umfang. Somit befindet sich die Klinik in keinem Gebäude, sondern mitten in der unberührten Natur ... Stan wartet geduldig, bis die Jugendlichen zu sprechen bereit sind. Manche öffnen sich ganz schnell, bei anderen dauert es einen ganzen Tag. Dann spricht er mit ihnen ruhig über Dinge, die sie belasten und hilft ihnen, Lösungsmöglichkeiten zu finden. Der Baum ist wahrscheinlich über 1500 Jahre alt. Wie viele Jugendliche sind wohl schon dort gewesen und haben neue Lösungen für ihr Leben gefunden?

Slow Stopp

Nehmen Sie sich immer wieder Zeit, um Achtsamkeit zu praktizieren! Nehmen Sie sich Zeit, Ihren Atem wahrzunehmen und nach innen zu lauschen. Zeit, um wahrzunehmen, was Sie brauchen, damit es Ihnen gut geht.

Wie oft? Jeden Tag. Die besten Zeiten dazu sind morgens, kurz nach dem Aufwachen, und abends, kurz vor dem Einschlafen. Und natürlich, wenn es gelingt, auch immer wieder im Lauf des Tages. Ich nenne diese Zeiten »*Slow Stopp*«.

Kein Multitasking mehr

Susanne, Mutter von drei Kindern: »Ich denke, es ist am besten zu sagen, für alles gibt es eine Zeit. Eine Zeit der Ruhe und eine Zeit der Arbeit. Das holt mich von meinem Stress am besten herunter. Ich kann einfach nicht sagen, ich nehme mir alle Zeit der Welt, weil ich sie ja definitiv nicht habe. Aber wenn ich mich darauf konzentriere, was ich jetzt gerade tue, im Hier und Jetzt, dann wird die Zeit plötzlich dehnbarer. Und wenn ich bei meinem Kind sitze, dann bin ich ganz bei ihm. Wenn ich meine Arbeit im Büro mache, versuche ich auch da, ganz hier zu sein. Das nimmt mir ganz viel Druck.«

Multitasking macht Stress und raubt im Endeffekt nur Zeit. Das Ergebnis von Multitasking: keiner ist zufrieden. Weder Sie noch Ihr Partner oder Kind. Die Mails werden falsch beantwortet, die Suppe wird versalzen, Ihr Gesprächspartner am Telefon fühlt sich nicht richtig verstanden und Ihr Kind fängt an zu jammern. Sie kennen diese Situationen bestimmt.

Frauen sind nicht besser in Multitasking als Männer. Dies wird immer wieder fälschlicherweise behauptet. Aktuelle Studien beweisen längst, dass Männer und Frauen gleich gut bzw. gleich schlecht in Sachen Multitasking sind. Es kommt darauf an, in welchen Tätigkeiten Männer und Frauen geübter sind. Tatsache ist jedoch, dass es Multitasking gar nicht gibt. Denn unser Gehirn kann zwei komplexe Vorgänge, wie Staubsaugen und ein Kundengespräch führen, nicht gleichzeitig abwickeln. Es wechselt nur zwischen den beiden Tätigkeiten ganz schnell hin und her. Das Gehirn blendet die jeweils andere Tätigkeit einfach aus, während es sich auf die eine konzentriert. Was ist die Folge davon? Wir bekommen immer nur die Hälfte mit ...

Heute wissen wir, dass Frauen ebenso wie Männer Tätigkeiten am effektivsten ausüben, wenn sie sie nacheinander durchführen – statt mehrere Dinge gleichzeitig zu tun.[14] Natürlich ist es möglich, den Reifen zu wechseln, dabei zu telefonieren und nebenher die Nudeln zu kochen. Doch nur, wenn wir in den einzelnen Tätigkeiten Routine besitzen und nichts Unerwartetes geschieht. Handelt es sich bei dem Telefonat um ein schwieriges Bewerbungsgespräch, ist die Wahrscheinlichkeit groß, dass uns die Schraube in den Kanal kullert, das Wasser mit den Nudeln übergeht und wir uns beim Telefonieren verhaspeln. Studien belegen, dass bei Multitasking die Leistung abnimmt und die Stresswerte in die Höhe schnellen.

Die Verlockung

Es ist definitiv am besten, sich einen Fokus zu setzen. Ich kenne die Verlockung, alles gleichzeitig machen zu wollen, nur zu gut. Ich bin beruflich selbstständig und viele Stunden meiner Arbeit spielen sich zu Hause ab. Als unsere Kinder noch kleiner waren, musste ich es daher regelmäßig organisieren, dass sie betreut wurden, damit ich arbeiten konnte. Dazu hatte ich mir mein eigenes kleines Netzwerk aufgebaut. Bei Menschen, die ich kenne und liebe und die meine Kinder kennen und lieben, waren sie gut aufgehoben. Dann konnte ich ein paar Stunden an einem Stück durcharbeiten, danach war wieder Zeit für die Kinder.

♥ *Was Sie sofort umsetzen können:*

Wenn für Achtsamkeits-Übungen oder andere oben beschriebene Übungen keine Zeit ist und es wieder einmal so richtig drunter und drüber geht, machen Sie eine Sekundenmeditation. Sie ist immer und überall einsetzbar. Sie brauchen keinen eigenen Meditationsraum dazu. Sie müssen sich dazu auch nicht auf die Toilette zurückziehen.

Stellen Sie sich vor, Sie schauen als Adler von oben auf Ihre jetzige Situation herunter. Nehmen Sie sich und das, was um Sie herum geschieht, von oben wahr. Nehmen Sie das ganze Setting, in dem Sie sich gerade befinden, aus einer anderen Perspektive wahr. Das verhilft Ihnen in Sekundenschnelle dazu, Distanz aufzubauen zu dem, was gerade jetzt abgeht. Sie können automatisierte Abläufe mit einem gesunden Abstand betrachten und Zusammenhänge besser erkennen. Dies kann sehr heilsam wirken. Probieren Sie es einfach aus und lassen Sie sich überraschen, was geschieht.

Facebook-Umfrage

Was bedeutet für mich ein gelassenes Familienleben?[15]

#Anita: Gute, ehrliche Kommunikation, einander zuhören und ausreden lassen, Kuschelsocken, Kuscheldecke, Tee, kitzeln und schmusen.

#Andrea: Gemeinsam frühstücken, arbeiten, Schule etc., wenn möglich gemeinsam mittagessen, gemütlicher Nachmittag, Hobbys, in die Natur, gemeinsam abendessen und dann im Winter den Kachelofen einheizen und davor zusammensitzen und über den Tag berichten. Der ganze Alltag ist dann entspannt und gelassen, wenn man über alles reden kann in einer Familie und gerne was zusammen unternimmt!

#Kathy: Ausschlafen, langes Frühstück, Ausflug mit der Familie, lecker mittagessen, entspannter Abend.

#Nicole: Morgens vor dem Aufstehen noch im Bett kuscheln, dann gemütlich frühstücken, einen Spaziergang machen, Geschichten lesen, Spiele spielen, ...

#Alexandra: Zeit miteinander verbringen, gemeinsam frühstücken, gemeinsam spazieren gehen, gemeinsam musizieren und singen, ...

#Elke: Wenn es stressig wird, immer mal wieder innehalten und fragen: Ist diese Hektik wirklich gerade notwendig? Oder wäre es nicht auch möglich, kurz durchzuatmen und sich selbst und den Kindern ein wenig mehr Zeit einzuräumen?

#Nadja: Der Alltag mit meinem Sohn ist umso gelassener, je gelassener ich bin. Das heißt für mich loslassen von Zeitdruck, von äußeren und inneren Zwängen, von der Meinung anderer ...

#Tina: Zeit bewusst mit der Familie zu verbringen – jeden Augenblick genießen, beobachten und begleiten – gemeinsam wachsen.

#Antonia: Gemeinsam kochen, spielen, gute Gespräche, viel lachen, ein Spaziergang in der Natur, ...

Das funktionierende Netzwerk

Damit Gelassenheit und Entspannung ins Familienleben kommen, ist es unumgänglich, sich ein funktionierendes Netzwerk mit mehreren Bindungspersonen aufzubauen. Vor allem, wenn die Kinder noch sehr jung sind. Das, was vor einigen Jahrzehnten noch völlig normal war, gibt es heute in dieser Form nicht mehr: Kinder wuchsen in Großfamilien auf. Noch früher waren es ganze Clans. Niemals zog in der menschlichen Vergangenheit eine Mutter ihre Kinder beinahe allein auf. Niemals fühlte sich eine Kleinfamilie so alleingelassen bei der Kindererziehung wie heute. Da läuft etwas schief. Nicht ohne Grund lautet ein afrikanisches Sprichwort: »Man braucht ein ganzes Dorf, um ein Kind großzuziehen.« Ein Elternpaar oder gar eine alleinerziehende Mutter reichen dazu nicht aus ...

? Wussten Sie, ...

... dass in einer umfangreichen Studie[16] mit insgesamt 1200 Kindern verschiedene Formen der Fremdbetreuung außerhalb öffentlicher Institutionen verglichen wurden? Herauskam, dass die Eltern als »Betreuungsort« nicht zu toppen sind. Sehr gut schnitten neben den Eltern auch Großmütter, Familienangehörige, Freunde sowie Tagesmütter ab.

Wie wichtig es ist, ein funktionierendes Netzwerk um sich zu haben, durfte ich selbst erleben. Es ist nicht einfach, als junge Mutter plötzlich die ganze Verantwortung für ein kleines Wesen zu tragen. Ich erinnere mich an die erste Zeit mit unseren ersten beiden Kindern. Unsere Tochter war gerade einmal dreizehn Monate alt, da kam auch schon unser Sohn zur Welt. Ich kam aus dem Stillen, Wickeln, Kochen, Tragen und Windelnwaschen nicht mehr heraus. Mein ganzer Tagesablauf war danach ausgerichtet. Ein Lichtblick jeden Mittwoch war die Mutter-Kind-Gruppe im nahe gelegenen Familienzentrum. Ich traf mich mit gleichgesinnten Frauen, die die gleichen Fragen und Bedürfnisse hatten wie ich.

Ich habe nach wie vor zu Hause ein Netzwerk um mich. Meine Kinder wachsen in einem Mehrgenerationenhaus auf. Das heißt, ihre Oma wohnt im selben Haus. Zwar mit getrenntem Eingang (das ist auch gut so), aber griffbereit, wenn es mal brennt. Mein Mann arbeitet großteils von zu Hause aus, somit ist auch er einsatzbereit. Und dann wohnen auch meine Eltern nur zwanzig Minuten entfernt. Also ich hatte und habe es noch immer richtig gut. Und dennoch komme auch ich regelmäßig an meine Grenzen.

Es ist unglaublich, welche Umstellung es für frischgebackene Eltern bedeutet, den Tagesablauf an die Bedürfnisse eines Babys anzupassen. Umso wichtiger ist es, dass Eltern in einem guten Netzwerk helfender Hände aufgehoben sind. Das wird ihnen so leider nicht vermittelt. Lachende Mütter mit ihren Babys im Arm strahlen von den Werbeplakaten zu uns herunter. Nebenbei managen sie ohne große Anstrengung den Haushalt, versorgen ältere Geschwister und verwirklichen sich in ihrem Beruf. Und das alles ganz allein. In der Realität läuft es definitiv nicht so ab. Früher oder später wissen diese Mütter weder ein noch aus. Das Leben artet in Stress und Überforderung aus, weil sie mit den vielen Anforderungen nicht klarkommen.

Willibald, 65 Jahre, erinnert sich: »Als ich ein Kind war, war die Gesellschaft eine ganz andere als jetzt. Das war ein anderes Leben. Wir sind in der Nachkriegszeit aufgewachsen. Das kannst du nicht vergleichen mit heute. Bei uns zu Hause, wir hatten eine kleine

Wohnung, da lebten um die zehn Leute in der Wohnung. Das war als Kind lustig, nicht immer, aber meistens. Wir sind zusammengesessen und haben gesungen, geredet und gespielt. Heute kannst du ja nirgends mehr hingehen, ohne dass du vorher anrufst. Jeder hat Stress. Jeder macht alles alleine.«

Aber gerade dieses »Alleine-Machen« bringt viele Eltern zur Verzweiflung. Dafür sind wir evolutionsbedingt einfach nicht geschaffen. Jede Familie sollte sich ein funktionierendes Netzwerk aufbauen. Das ist nicht nur für Eltern mit jungen Kindern wichtig. Es kommt uns in allen Lebensbereichen zugute und ist für Menschen jeden Alters auch eine Bereicherung.

Bindungsdorf

Gordon Neufeld nennt dieses funktionierende Netzwerk ein »Bindungsdorf«[17]. Zu so einem Netzwerk gehören dem Kind vertraute Menschen, wie Großeltern, Freunde, Nachbarn oder Geschwister. Im Grund kann jeder zum »Bindungsdorf« gehören. Vor allem aber zählen Menschen dazu, die ein Kind als vertrauenswürdig kennengelernt hat. Sie gehen mit dem Kind liebevoll um und haben eine vertraute Beziehung zu ihm aufgebaut. Die Eltern sind diesen Menschen wohlgesinnt.

Junge Familien in indigenen Völkern lebten nie allein in kleinen Wohnungen oder prunkvollen großen Villen. Sie lebten stets in Dorf- oder Clangemeinschaften.[18]

Heidemarie, 63 Jahre, erinnert sich: »Wir hatten als Kinder immer das Gefühl, dass jemand da war. Auch wenn wir nicht unter direkter Beobachtung standen. Wir hatten im Grunde viele Mamas, die für uns da waren.«

Je älter die Kinder werden, desto wichtiger ist es, ihnen erwachsenenfreie Zeiten einzuräumen. Sie wollen nicht ständig »unter Beobachtung« stehen. Dazu mehr im Kapitel »Erwachsenenfreie Zonen«.

Bei Oma und Opa vergeht die Zeit noch langsamer
Viele Kinder genießen das Zusammensein mit den Großeltern.
Die Zeit spielt dort in der Regel eine andere Rolle. Oma und Opa
sind auch Eltern und doch so anders als Mama und Papa. Sie sind
eine wundervolle Bereicherung für das Familienleben. Großeltern
verfügen oft über unerschöpfliche Geduld und viel Gelassenheit.
Sie bringen meist viel Zeit und Ruhe mit, die den Eltern im Familienalltag oft fehlt.
Alexandra, 32 Jahre, erinnert sich an ihre Kindheit. Ihre
Mutter war selbstständig, sie führte ein Geschäft. Alexandra und
ihre Geschwister wuchsen mehr oder weniger dort auf. Alexandra
musste sich ganz oft anpassen. Im Geschäft war nichts von Entschleunigung zu spüren. Ihre Geschwister und sie waren ständig an
Termine gebunden, die ihnen von außen aufgezwungen wurden.
Deshalb war sie lieber bei ihrer Oma. Diese lebte sehr abgeschie-
den, mit Wald nebenan. Das war ein ganz anderes Zeitempfinden
für Alexandra. Es waren dort wenige Leute, die sie beeinflusst haben. Die Kinder spielten im Wald, und wenn es finster wurde, gingen sie wieder ins Haus. Alexandra erinnert sich an diese Zeit vor
gut 25 Jahren zurück. Sie hatte dieses entschleunigte Leben immer
sehr genossen. Sie konnte bei Oma und im Wald mit ihren Geschwistern auftanken.

Die Zeit ist reif für neue Arrangements
Es wird Zeit, dass Eltern heute neue Arrangements finden. Beide
Elternteile wollen Zeit mit ihren Kindern verbringen und selbst
nicht dauernd gestresst den Alltag erleben. Eltern wollen aber auch
ein Leben in der Erwachsenengesellschaft pflegen, sich in die Gesellschaft einbringen oder sich beruflich verwirklichen. Es muss für
Eltern möglich sein, beides zu leben, ohne dass es auf eigene Kos-
ten, auf jene der Familie oder der Kinder geht.

Neu ausrichten

! Übung

Beantworten Sie in Ruhe folgende Fragen:

1. Wie möchte ich die nächsten Jahre meines Lebens verbringen?
2. Was möchte ich noch erleben?
3. Wie möchte ich in den nächsten Jahren »Familie leben«?
4. Wie möchte ich mich als Mutter/Vater innerhalb meiner Familie erleben?
5. Was sind meine besonderen Begabungen, Fähigkeiten, Talente, die mir mitgegeben wurden und die ich vielleicht noch nicht lebe?
6. Wie könnte ich diese umsetzen?
7. Welche äußeren Umstände und welche Menschen könnten mich dabei unterstützen?
8. Welche Einstellung oder innere Haltung fördern die Erfüllung meiner Ziele?

Wenn Sie Ihrem Leben eine neue Tiefe oder Richtung geben möchten, es verlangsamen, gelassener oder bewusster erleben möchten, so tut es gut, immer wieder einmal innezuhalten. Wenn dies momentan nicht möglich ist, dann stellen Sie sich Ihre Ziele immer wieder genau vor. Fühlen Sie am Abend vor dem Schlafengehen oder in der Früh beim Aufwachen, wie es sein würde, wenn Sie diese Ziele bereits erreicht hätten. Vielleicht ist Ihnen beim Beantworten der Fragen bewusst geworden, dass es Ihnen sehr wichtig ist, einen entspannten, glücklichen Familienalltag zu erleben. Sie aber im Alltagstrubel keine Zeit finden, für einige Minuten zu entspannen oder mit Ihren Kindern zu spielen. Wenn das so ist, stellen Sie sich immer wieder vor, wie es sein und sich anfühlen würde, einen entspannten und glücklichen Familienalltag zu erleben.

Vielleicht ist Ihnen beim Beantworten der Fragen auch bewusst geworden, dass Ihre Arbeit für Sie enorm wichtig ist, Sie diese aber aufgrund der täglichen Anforderungen nicht mehr genießen können. Stellen Sie sich, so oft Sie können, vor, wie Sie Ihre Arbeit wieder genießen können.

Machen Sie sich bewusst, was Sie wollen. Was im Leben ist Ihnen wirklich wichtig? Überschreiben Sie alte Glaubenssätze und Muster mit einer neuen Einstellung dem Leben gegenüber. Stellen Sie sich immer wieder genau vor, wie Sie leben möchten, wie Sie Ihren Alltag verbringen möchten, wie Sie Familie leben möchten. Übernehmen Sie Verantwortung für Ihr Leben!

Tricksen Sie sich selbst aus, indem Sie sich Ihrer Ziele klar werden. Haben Sie Geduld! Erst nach einer Weile beginnt sich das Neue auch tatsächlich in uns zu verwurzeln. Die Ergebnisse werden erst nach und nach sichtbar. Zuerst aber müssen Sie sich darüber im Klaren sein, wie Sie wirklich leben möchten.

Vision Board

Seit 20 Jahren gestalte ich immer wieder meine ganz persönlichen Vision Boards (auch Ziel- oder Traumcollagen genannt). Sie gehören zu meinen absoluten Lieblingsmethoden und helfen mir besser beim Erreichen meiner Ziele. Meine Vision Boards erinnern mich stetig daran, meine Träume, Wünsche und Ziele vor Augen zu haben. Somit behalte ich das große Ganze im Auge und verliere mich nicht so schnell im Trubel des Alltags. Visualisierungen setzen enorme Kräfte frei.

Ab jetzt gibt es keine Ausreden mehr für Sie. Auch wenn der Familienalltag anstrengend sein kann, tausend Dinge von allen Seiten auf Sie einströmen oder wenig Zeit bleibt, dass Sie sich selbst in der Hektik des Alltags wahrnehmen. Ändern können Sie in Ihrem

Leben nur dann etwas, wenn Sie sich persönliche Ziele setzen und sich damit auseinandersetzen, wie Sie leben möchten.

💜 *Was Sie sofort umsetzen können:*

Gestalten Sie Ihr ganz persönliches Vision Board. Erstellen Sie eine Collage aus Bildern, Stichworten und Affirmationen rund um die eigenen Ziele, die Ihnen dabei helfen und Sie motivieren, diese auch zu verwirklichen. Mit diesen Tipps erstellen Sie Ihr Vision Board ganz einfach:

1. Ideen sammeln
Sammeln Sie, wie bei einem Brainstorming, all Ihre Ziele, Wünsche und Träume. Fragen Sie sich immer wieder: Was ist mir wichtig? Was möchte ich umsetzen? Wie möchte ich meinen Alltag leben?
- Wie möchte ich meine Beziehung erleben?
- Welche Familienziele haben wir?
- Was möchte ich in den nächsten Jahren geschafft haben?
- Wie möchte ich unsere Urlaube verbringen?
- Was möchte ich für meine Gesundheit tun?
- Für welche Hobbys möchte ich mehr Zeit haben?
- Wie möchte ich meine Arbeit verrichten?

2. Ziele
Im nächsten Schritt geht es um die Umsetzung und Visualisierung Ihrer Ziele mit:
- Stichworten
- Merksätzen
- Sinnsprüchen
- Skizzen
- Bildern oder Fotos

Die Ziele sollten so spezifisch wie möglich beschrieben werden. Planen Sie so, dass Sie Lust darauf bekommen, diese umzusetzen. Sie können entweder eigene Bilder verwenden oder wie bei einer Collage klassisch diese aus Zeitschriften und Katalogen ausschneiden oder sich aus dem Internet geeignete Bilder herunterladen und ausdrucken.

3. Vision Board gestalten

Verwenden Sie eine große Pappe, einen Bilderrahmen oder eine Pinnwand. Setzen Sie Ihrer Kreativität keine Grenzen und ordnen Sie, so wie es Ihnen gefällt, die Bilder, Stichworte oder Textausrisse an. Wichtig ist, dass Sie das fertige Vision Board an einer Stelle aufhängen, an der Sie täglich vorbeikommen, und Sie sich Ihre Wünsche, Träume und Ziele stets in Erinnerung rufen. Wie wäre es denn am WC? Sie können sich das Ergebnis aber auch abfotografieren und als Bildschirmhintergrund verwenden.

II.
Kindheit heute – Warum Kinder unter Druck stehen und wie Sie Ihrem Kind helfen, sich daraus zu befreien

Emma ist fünf Jahre alt. Sie ist ein sehr fröhliches Kind. Sie geht gern in den Kindergarten. Am Nachmittag besucht sie unterschiedliche Kurse wie Ballett, Klavier und einen Englischkurs. Ihre Eltern sind sich sicher, dass Emma diese Kompetenzen einmal sehr zugutekommen werden. Beide Elternteile sind berufstätig. Emma hatte bis jetzt nie Schwierigkeiten gemacht. Sie ging mit eineinhalb Jahren in die Krippe und verbrachte die Nachmittage oft bei den Großeltern. Ihre Eltern lieben sie. Sobald sie Zeit finden, lesen sie Emma vor, backen mit ihr Kekse oder besuchen mit ihr den Spielplatz.

In letzter Zeit ist Emma öfter krank als sonst. Sie jammert in der Früh regelmäßig wegen Bauchschmerzen. Auch über Ohrenschmerzen klagt sie hin und wieder. Sie würde gern öfter einmal von der Kita zu Hause bleiben und allein spielen. Aber das geht nicht. Die Eltern wüssten nicht wohin mit Emma.

Sie machen sich Gedanken, ob es Emma in der Früh manchmal zu schnell geht. Ihnen ist bewusst, dass sie nun mehr arbeiten als früher. Deshalb bleibt vor allem morgens keine Zeit, um zu kuscheln oder zu trödeln. Auch am Nachmittag steht mehr auf dem Programm als früher. Die vielen Kurse machen Emma zwar Spaß, aber vielleicht wird es ihr doch zu viel? Sie müssen die kleine Emma immer wieder aus dem Spiel reißen, um alle Termine einhalten zu können. Wenn sie Emma fragen, was los sei, kann sie keine eindeutige Antwort darauf geben. Es sei alles gut, sagt sie ...

Viele kleine Individuen

Erziehung streut keinen Samen in die Kinder hinein, sondern lässt den Samen aufgehen, der in ihnen liegt.

Khalil Gibran

Vergangenheit versus Gegenwart
Sigmund Freud war noch ganz und gar davon überzeugt, dass Kinder vorwiegend ihren sexuellen Trieben folgen und somit eine Art stadienhafte Reifung durchlaufen. Vor etwa fünfzig Jahren war die Meinung vorherrschend, *dass der Erwachsene den Charakter eines Kindes formen kann und dass es nicht nur die Aufgabe, sondern die Pflicht des Erziehers ist, diese Formung vorzunehmen.*[19] Die Kindererziehung in der Mitte des 20. Jahrhunderts war geprägt von der Annahme, Kinder dressieren zu können. Dazu wurde vorwiegend mit Belohnung und Bestrafung gearbeitet.

Gegen Ende des 20. Jahrhunderts wendete sich das Blatt gründlich. Was aus einem Kind einmal werden würde, so die Überzeugung, entscheiden das gute Vorbild und der Einsatz der Erwachsenen. Eltern versuchen eine gute Leitfigur abzugeben. Gleichzeitig bekommen sie es aber mit der Angst zu tun. Verunsicherte Erwachsene fragen sich: »Was passiert, wenn ich als Elternteil nicht genug Einsatz zeige? Was, wenn ich nach der falschen Methode vorgehe? Was passiert, wenn ich selbst nicht gut drauf bin?«[20]

Alle diese Annahmen gehen an der kindlichen Entwicklung vorbei. Kinder sind eigenständige Wesen. Noch dazu jedes auf seine ganz eigene Art. Sie sind nicht nur auf ihre Sexualtriebe fixiert, lassen sich nicht dressieren und machen nicht nur das, was Eltern ihnen krampfhaft vorleben. Sie sind kleine eigenständige Individuen.

Jedes Kind nimmt etwas mit hierher, das es bis dahin in dieser Form auf der Erde noch nicht gegeben hat. Jede Generation bringt ungeahnte neue Möglichkeiten mit. Unsere Kinder werden Dinge erschaffen und erleben, von denen wir nicht einmal zu träumen wagen.

Wir müssen lernen, Kindern auf einer neuen Ebene zu begegnen. Das fällt uns Erwachsenen oft schwer. Denn viele von uns wurden von Eltern und Pädagogen erzogen, die sich nicht wirklich dafür interessierten, wer wir waren. Das heißt, wir Erwachsenen stehen vor der *großen Herausforderung, Eigenschaften zu leben und zu kommunizieren, denen weder in unseren Ursprungsfamilien noch Schulen irgendein Wert beigemessen wurde. Doch die Suche wird sich lohnen. Uns und unseren Kindern zuliebe.*[21] Es wird die Qualität unserer Beziehungen und unseres gesamten Lebens verbessern.

Unterschiedliche Konstitutionen

Werfen wir zum Beispiel einen Blick auf die verschiedenen Temperamente und Konstitutionen der Kinder. Allein daran wird deutlich, wie unterschiedlich jedes einzelne ist. Wir können nicht alle Kinder gleich behandeln. Das funktioniert einfach nicht. Mit der Geburt eines Kindes wird den Eltern nach und nach klar, mit welchem Menschen sie es zu tun haben. Vorausgesetzt, sie nehmen sich Zeit, ihr Kind WIRKLICH kennenzulernen.

Es ist von Vorteil, die Konstitution des eigenen Kindes zu erkennen. Das wirkt vielen energieraubenden Situationen entgegen. In der indischen Gesundheitslehre zum Beispiel, dem Ayurveda, wird zwischen drei Konstitutionstypen unterschieden: Vata, Pitta und Kapha. Vata-Typen werden als die »Luftigen«, Pitta-Typen als die »Feurigen« und Kapha-Typen als die »Erdigen« beschrieben. Darunter gibt es natürlich viele Mischformen.

Unser jüngster Sohn hat einen starken Kapha-Anteil in seiner Konstitution. Es ist fast unmöglich, ihn zur Eile zu drängen. Er braucht einfach viel mehr Zeit als manch anderes Kind. Sind wir mit dem gemeinsamen Mittagessen fertig, beginnt er erst damit, auch wenn er von Beginn an am Tisch Platz genommen hat. Badet er am Abend, dauert es eine gefühlte Ewigkeit, bis alles, was er in die Badewanne zum Spielen mitnehmen möchte, beisammen hat. Ich beginne, um ständige Konflikte zu vermeiden, noch früher damit, ihn auf Termine, bei denen wir pünktlich erscheinen sollten, vorzubereiten. Ich könnte meinen Sohn als hochsensibel bezeichnen oder als was auch immer. Es macht keinen Unterschied.

Worauf ich hinauswill ist, dass jedes Kind, ob schnell oder langsam, laut oder leise, extrovertiert oder introvertiert, anders ist als das andere. Somit muss auch jedes Kind individuell behandelt werden. Wir Erwachsenen brauchen Zeit dazu, jedes Kind in seiner Eigenart wahrzunehmen, es zu spüren und auf es einzugehen.

Eltern und Kinder lernen ständig voneinander

Wir brauchen viel Zeit, um uns gegenseitig kennenzulernen. Schon bei einem Baby fragen wir uns: »Was braucht Benjamin von mir? Bedeutet sein Schreien, dass er Hunger hat oder ist er müde? Wenn ich ihn im Arm halte, beruhigt er sich schnell, bei Onkel Otto weint er lautstark.«

Wir befinden uns mit unseren Kindern in einem fortwährenden Lernprozess. Dafür braucht es Zeit, das funktioniert nicht von heute auf morgen. Bei Babys fällt uns das in der Regel noch sehr leicht. Viele Eltern verlieren nach den ersten aufregenden Jahren die Neugierde, ihr Kind wirklich kennenzulernen. Vielmehr ersetzen sie ihr Interesse durch ein Bild, wie ihr Kind gerade ist oder wie es zu sein hat. *Vom Vergnügen an der bloßen Existenz und der Kreativität des Kindes kommen sie zu einer Haltung, die aus ihrem Kind ein Projekt macht, welches hier und heute beginnt und irgendwann in der Zukunft abgeschlossen sein wird.*[22]

Erst wenn Eltern die ganz besondere Qualität ihres Kindes erkennen, können sich Kinder entfalten und ihre Potenziale leben. Wir müssen aufhören, Kinder ständig formen zu wollen, und wir sollten uns nicht selbst in unseren Kindern sehen.

Wünscht sich nicht jeder Mensch, egal ob Kind, Jugendlicher oder Erwachsener, in seiner ganz eigenen Wesenheit wahrgenommen zu werden?

Vertrauen braucht Führung

Und all das schließt nicht aus, dass Kinder vor allem Eltern brauchen, die liebevoll ihre Führungsrolle wahrnehmen. *Kinder brauchen Eltern, die klare Entscheidungen treffen und ihren eigenen Absichten vertrauen.*[23]

Kinder unter Zeitdruck

Es ist eine zu beobachtende Tatsache, dass der Alltag eines Kindes immer mehr einer Aneinanderreihung von »pädagogischen Arrangements« gleicht. So wird das Kinder(er)leben immer stärker eingeschränkt, die Kinderzeiten werden immer häufiger zerteilt und die Kinderwelten immer stärker zerrissen. Es wird für Kinder gedacht und für sie geplant, es wird für Kinder arrangiert und für sie gehandelt, anstatt zu begreifen, dass eine »Pädagogik vom Kinde aus« eine lebendig erlebte Alltagspädagogik mit dem Kind ist.[24]

Armin Krenz

? Wussten Sie, ...

... dass laut einer aktuellen Studie[25] fast jedes sechste Kind in Deutschland unter Stress leidet? 18 Prozent der Kinder und 19 Prozent der Jugendlichen sind somit betroffen. Die Folgen sind erschreckend: Die Kinder entwickeln

- Depressionen,
- haben Versagensängste und
- weisen ein erhöhtes Aggressionspotenzial auf.

Eine wesentliche Ursache für diesen Stress ist der geringe Freiraum der Kinder zur Selbstbestimmung, ausgelöst durch die hohen Erwartungen der Eltern an die Kinder. Mehr als 83 Prozent der Kinder mit hohem Stress haben nach eigenen Angaben keine Zeit für Dinge, die ihnen wirklich Spaß machen.

In der Fachliteratur der letzten 15 Jahre wird immer wieder vor denselben Fallen gewarnt: »Gehetzte Kinder«, »Kinder unter Zeitdruck«, »Kinder leiden an Managerkrankheiten«. Ist das alles schon so zur Normalität geworden, dass es mittlerweile den meisten von uns nicht mehr auffällt? Nehmen wir es als normal hin, dass der Tagesablauf eines Kindes durchorganisiert ist?

Wir müssen verstehen, dass Kinder keine Miniaturausgabe von Erwachsenen sind. Ihr Zeitempfinden ist ein anderes. Sie müssen nicht erst lernen, im Hier und Jetzt zu sein, sie sind es permanent.

Michaela, 39 Jahre, Leiterin eines Montessori-Kindergartens, erzählt: »Ich bin seit 20 Jahren Kindergartenpädagogin und beobachte, dass Kinder von Jahr zu Jahr weniger Zeit bekommen. Vor allem von ihren Eltern. Von Jahr zu Jahr steigt die Tendenz, dass Kinder nicht einmal mehr Zeit bekommen, sich beim Abholen in der Garderobe die Schuhe selbst anzuziehen. Das würde natürlich dauern. So viel Zeit haben die Eltern nicht mehr. Sie stecken ihre Kinder in die Schuhe und ins Gewand und weiter geht es zur nächsten Aktivität. Schnell muss es gehen, alles schnell. Die Eltern kommen schon gehetzt von der Arbeit, haben tausend Termine für den Nachmittag im Kopf. Da sind die Kinder oft wirklich nur mehr ein lästiges Anhängsel, das Zeit raubt. Ich frage mich oft, warum einige Eltern überhaupt noch Kinder bekommen. Wahrscheinlich, weil es einfach dazugehört. Aber das Herz ist oft wenig dabei. Am schlimmsten ist es in der Früh. Ein Großteil der Kinder ist schon, wenn sie bei der Tür reinkommen, richtig gestresst. Sie sind unruhig und aufgedreht. Wenn ich Frühdienst habe und nur drei Kinder in der Gruppe sind, habe ich oft das Gefühl, es sind zehn Kinder im Raum, weil sie so übergedreht sind. Viele sind schon in der Früh vor dem Fernseher gesessen. Es muss einfach alles schnell gehen, und das hat enorme Auswirkungen auf unsere Kinder und unsere zukünftige Gesellschaft. Denn es sind auch schon die Kinder in einem Hamsterrad. Wenn die Kinder vom Ballett zum Klavier, vom Sprachförderkurs zum Sport geführt werden, geht es doch oft gar nicht um die Förderung der Kinder. Es geht ganz vielen Eltern nur darum, dass ihr Kind beschäftigt ist, damit sie in dieser Zeit wieder etwas machen können. So kann ich das zumindest in der Großstadt beobachten. ›Ich bring schnell mein Kind eine Stunde zum Sport, inzwischen kann ich schon wieder viel erledigen.‹ Die meisten Kinder mögen diese ›künstlichen‹ Freizeitaktivitäten nicht. Die Kinder haben keine Zeit mehr, zur Ruhe zu kommen. Man lässt sie einfach nicht mehr in Ruhe und ihre eigenen Erfahrungen machen.«

 ## Was Sie sofort umsetzen können:

Wie können Eltern ihre Kinder aus dieser Falle befreien? Armin Krenz gibt dazu in seinem Buch »Kinder brauchen Seelenproviant«[26] den Eltern einige Möglichkeiten mit auf den Weg.

- Verabschieden Sie sich von der Vorstellung, Kinder seien schon in den ersten sechs Lebensjahren zu perfektionieren.
- Begreifen Sie die ersten Lebensjahre des Kindes als eigenen Entwicklungszeitraum »Kindheit« und stimmen Sie Ihre Erwartungen darauf ab.
- Kinder brauchen weniger Programme oder didaktische Angebote als Bezugs- und Bindungspersonen. Kinder brauchen staunende,

liebende, mitfühlende, in sich ruhende, lebensfrohe und zuverlässige Menschen um sich! Und nicht Eltern, die sich hauptsächlich selbst über besondere Leistungen ihrer Kinder definieren.

Kindern mehr Zeit zu lassen, ist im Alltag oft mühsam. Termine purzeln durcheinander und die Geduld der Erwachsenen wird auf die Probe gestellt. Außerdem ist es nicht immer und überall möglich, und es wäre auch nicht gesund für das Kind, sich ausschließlich nach ihm zu richten.

Seien Sie sich dennoch bewusst, dass früher oder später der Zeitpunkt kommen wird, in der Ihr Kind »seine Zeit« einfordert. Investieren Sie früher – in Form einer gelassenen Grundhaltung –, wird Ihr Kind leichter zu einem gesunden und glücklichen Menschen heranwachsen. Alles was in der frühen Kindheit versäumt wurde, kann sich in Form von Protest, Desinteresse oder Resignation in späteren Jahren äußern. Dann gleich besser jetzt, oder?

! Übung

Stellen Sie sich am Abend folgende Fragen:

- Habe ich mein Kind heute wahrgenommen und gesehen?
- Wirkte mein Kind heute glücklich, entspannt, ausgelassen und optimistisch? Oder war es bedrückt, aggressiv, pessimistisch?
- Hatte mein Kind Zeit, seinen Bedürfnissen Ausdruck zu geben? Hatte es Zeit zu spielen, sich fallen zu lassen, Zeit für Rückzug, und blieb auch Zeit, einmal nichts zu tun?
- War heute Zeit für gegenseitige Berührungen, Blickkontakte und zum Lachen?

Vergessen Sie nicht, dass Erziehung nicht nur Vorbereitung auf das Leben sein kann. Erziehung geschieht immer im Hier und Jetzt.

Weniger ist mehr

In unserer modernen Gesellschaft nimmt die Lebensweisheit »Weniger ist mehr« an Bedeutung zu. Kindern wird bereits in der Vorschulzeit zu viel zugemutet. Volle Nachmittagsprogramme sowie wenig Zeit für freies Spiel nehmen in der Kindererziehung permanent zu. Meine Kinder, die genügend freie Zeit zum Spielen zur Verfügung haben, finden keine Spielkameraden auf der Straße. Die anderen Kinder sind alle in Musikkursen, beim Fußballtraining oder bei der Nachmittagsbetreuung.

Versuchen Sie die Freizeitangebote Ihres Kindes auf ein bis zwei Nachmittage in der Woche zu reduzieren. Weniger ist mehr! Die Woche wird spürbar gelassener verlaufen. Nicht nur für Ihr Kind, sondern auch für Sie!

Herausforderungen meistern

Kinder brauchen Oasen der Ruhe, aber keine durchgehende Schonung. Das eine sollte mit dem anderen nicht verwechselt werden, es hätte fatale Folgen. Es braucht Forderung und Förderung im geistigen, körperlichen und seelischen Sinn. Die Balance zwischen Forderung und Überforderung zu finden, ist sicherlich eine der größten Herausforderungen im Leben mit Kindern in der heutigen Zeit.

Gerald Hüther, den ich mehrmals bei Vorträgen erlebte, erklärt, dass sich das Gehirn der Kinder selbst entwickelt, und dazu brauchen Kinder Erfahrungen. Manche Erfahrungen machen sie viel zu selten, ungünstige dafür umso häufiger. Kinder müssen lernen, Impulse zu kontrollieren, Handlungen selbst zu planen, selbst etwas umzusetzen. Dies alles könne sich nur entwickeln, wenn Kinder Gelegenheiten dazu haben. Gelegenheiten, in denen sie zeigen können, was sie eigentlich draufhaben. Sie wollen lernen, mit anderen gemeinsam Aufgaben und Probleme zu lösen. Kinder werden heute zu sehr verschult und erleben viel zu selten, wie schön es sein kann, aus sich heraus etwas zu erschaffen und Herausforderungen zu bewältigen. Kinder finden in der gegenwärtigen Gesellschaft viel zu wenig Möglichkeiten dazu, wichtig zu sein.

Zeit aus der Sicht der Kinder

Susanne ist zwei Jahre alt. Sie besucht seit einem halben Jahr die Kinderkrippe. Heute machen die Kinder einen Ausflug zum nahe gelegenen Spielplatz. Auf dem Weg dorthin bleibt Susanne plötzlich stehen. Sie hat eine Schnecke am Gehsteig entdeckt. Sie beobachtet die Schnecke, wie sie langsam, ganz langsam den Asphalt entlangkriecht. Susanne hört aus der Ferne, wie die Erzieherin sie auffordert, weiterzugehen. Susanne rührt sich nicht vom Fleck. Es ist so spannend, die Schnecke zu beobachten. Sie vergisst dabei Zeit und Raum.

Die Kindheit ist wesensgemäß zeitlos.[27] Kinder leben im Hier und Jetzt. Sie haben noch kein Zeitgefühl. Dieses entwickelt sich erst allmählich, wenn sie älter werden. Kinder artikulieren in der Regel nicht, dass sie für etwas mehr Zeit bräuchten oder dass ihnen etwas zu schnell ginge.

Cornelia, 34 Jahre, Mutter von zwei Kindern, erinnert sich an ihre Kindheit: »Ich war die älteste von drei Kindern und hatte schon sehr früh große Verantwortung zu tragen. Meine kleine Schwester ist zehn Jahre jünger als ich. Ich war wie eine Ersatzmama für sie. Ich machte im Grunde alles mit ihr und für sie. Ich war zehn und ging mit ihr schon mit dem Kinderwagen spazieren. Meine Mutter hatte keine Zeit. Sie arbeitete meist den ganzen Tag. Eigenartig ist für mich im Nachhinein, dass das als Kind selbstverständlich für mich war. Ich dachte nicht darüber nach. Aber jetzt, wenn ich so zurückblicke, denke ich mir, dass ich schon sehr früh sehr viel Verantwortung übernommen habe. Mir hat ein Stück dieser unbeschwerten Kindheit definitiv gefehlt. Jetzt wird mir das sehr bewusst, indem ich versuche, meine Kinder davor zu bewahren. Vielleicht manchmal auch ein wenig übertrieben.«

Kinder sind kaum in der Lage, sich über ihre Gefühle im Klaren zu sein, und erst recht nicht, ihre Gefühle anderen mitzuteilen. Hier sind wir Erwachsenen gefragt, dies zu erkennen. Kinder drücken ihr Unbehagen in unterschiedlicher Form aus.

Verschlüsselte Botschaften
In all der Hektik und Schnelllebigkeit geht oft auch beim Erwachsenen das Gespür für den eigenen Körper und seine Bedürfnisse verloren. Aber Kinder können gar nicht formulieren, wie es ihnen geht oder warum sie sich gerade so verhalten. Sie teilen vielmehr durch Blicke, Gesten und Handlungen mit, was gerade in ihnen vorgeht. Werden diese Zeichen übersehen, kommt es zu verschiedenen Symptomen.

? *Wussten Sie, ...*

... dass sich Stress bei Kindern oftmals durch folgende Symptome bemerkbar macht:

- Motorische Unruhe
- Schlafstörungen
- Wahrnehmungsstörungen
- Bauchschmerzen
- Kopfschmerzen
- Übelkeit und Erbrechen
- Nächtliches Einnässen
- Leichte Ermüdbarkeit
- Hautaffektionen
- Allergische Reaktionen
- Zähneknirschen im Schlaf

- Nägelbeißen
- Ängste
- Verstärkte Aggressivität
- Mangelnde Konzentration

Wenn Sie ein oder mehrere Symptome bei Ihrem Kind erkennen, wird es Zeit zu handeln. Dies alles sind Signale des Körpers, die nach Aufmerksamkeit rufen.

Beobachten Sie Ihr Kind. Stellen Sie etwas im Tagesablauf um. Reduzieren Sie. Räumen Sie mehr Zeiten für freies Spiel und mehr Freiräume ein. Üben Sie sich selbst darin, gelassener zu reagieren. Wenn Sie keinen Ausweg sehen, suchen Sie sich professionelle Hilfe.

Manuela, 35 Jahre, Mutter von zwei Kindern, erzählt: »Als Juliane sehr klein war, lebten mein Mann und ich noch ein hohes Tempo. Wir führen gemeinsam einen großen Betrieb. Da ist immer was los. Wir begannen erst zu entschleunigen und auf unsere Tochter einzugehen, als Juliane krank wurde. Und Juliane konnte das hervorragend: Sobald es stressig wurde und viel los war, wurde sie krank. Ich hatte damals dieses alte Muster noch sehr stark in mir drinnen. Sobald jemand kam und von mir was wollte, wurde die Familie zurückgestellt und ich erbrachte sozusagen meine Leistung. Das habe ich schon als Kind von meiner Mutter so miterlebt. Sie war selbstständig und sozusagen immer am Arbeiten. Ich habe es lange Zeit gleich praktiziert wie meine Mutter. Erst als unsere Tochter krank wurde, mussten wir umdenken und unseren Alltag neu organisieren. Sie hat mithilfe ihrer Krankheit Stopp gesagt.«

Sechs Schritte zu einem gelassenen Familienleben aus Sicht der Kinder

Was sich Kinder wünschen

Versetzen wir uns auf den nächsten Seiten in die Kinder selbst. Was würden sie sich wohl wünschen, wenn es ums Thema Gelassenheit geht? Was brauchen Kinder, um sich in der Familie wohlzufühlen und sich entspannen zu können? Wie sieht aus deren Sicht ein gelassenes Familienleben aus? Sechs wesentliche Voraussetzungen bilden die Basis einer Familieninsel für Kinder:

- Liebe und Geborgenheit von Erwachsenen sowie eine große Portion Vertrauen, das ihnen entgegengebracht wird.
- Einen sicheren Hafen, damit sie sich wohlfühlen.
- Dass ihre wahren Bedürfnisse erkannt werden.
- Zeit und Muße, damit sie sich selbst spüren und ihrem inneren Bauplan gemäß entwickeln können.
- Zeit zum Spielen und dass die Erwachsenen wieder erkennen, welch fundamentalen Wert das Spiel für die kindliche Entwicklung hat.
- Vermehrt erwachsenenfreie Zeiten, damit sie auch unter sich sein können.

1. Von der Liebe

Als ein Vater seinen zwölfjährigen Sohn fragte, was er sich zum Geburtstag wünsche, antwortete dieser: »Papa, ich möchte dich!«
Sein Vater arbeitete die ganze Zeit und war selten zu Hause. Sein Sohn war eine Glocke der Achtsamkeit, die ihn daran erinnerte, dass das kostbarste Geschenk, was wir unseren Liebsten machen können, unsere wirkliche Gegenwart ist.

Thich Nhat Hanh

Vor einigen Jahren war ich als Trainerin in einem Lehrgang für ErzieherInnen tätig. Um die Ausbildung abschließen zu können, mussten die TeilnehmerInnen eine Projektarbeit verfassen. Bei einer Teamsitzung der Trainerinnen meinte die Lehrgangsleiterin, dass die angehenden ErzieherInnen nicht mit Projektarbeits-Themen wie »Bindung«, »Liebe« oder so einem »Quatsch« kommen sollten. Das war der entscheidende Moment, in dem ich beschlossen hatte, nicht mehr als Trainerin in diesem Lehrgang mitzuwirken.

In den meisten pädagogischen Büchern taucht kaum mehr das Wort Liebe auf. Stattdessen werden Begriffe wie »emotionale Nähe« verwendet oder es wird auf »Bindungstheorien« verwiesen.

Aber was bedeutet denn Liebe? In erster Linie zeichnet sich das erste Empfinden von Liebe dadurch aus, dass eine Person bedingungslos für einen da ist. Dass man beschützt wird und so angenommen wird, wie man ist. Für Kinder ist dieses Gefühl außerordentlich wichtig. Liebe lässt sich weder erkaufen noch erzwingen. Liebe ist etwas ganz Besonderes zwischen zwei Menschen. Und sie braucht Zeit. Sie braucht viel Zeit, um zu wachsen.

Es ist schön zu sehen, wie unterschiedlich Kinder das Wort Liebe interpretieren. Ich befragte kleine Kinder, was für sie das Gefühl bedeutet, von den Eltern geliebt zu werden. Unter anderem antworteten sie darauf:

- **Matthias, 5 Jahre:** »Ich mag es gerne, wenn Papa mit mir Zeit verbringt und Lego baut. Dann hat er mich lieb und ich ihn auch.«
- **Sarah, 4 Jahre:** »Meine Mama und mein Papa haben mich bestimmt ganz lieb. Ich darf nämlich immer in ihr Bett kuscheln kommen.«
- **Jana, 5 Jahre:** »Meine Mama schreit nicht mit mir, wenn ich etwas kaputtmache. Sie hat mich deshalb sicher ganz viel lieb.«
- **Lea, 6 Jahre:** »Ich habe eine kleine Schwester bekommen. Sie ist echt anstrengend und weint die ganze Zeit. Trotzdem nehmen sich Mama und Papa für mich Zeit und spielen mit mir Puppen oder lesen mir was vor. Sie haben mich eben auch noch lieb.«

- **Fred, 4 Jahre:** »Mama holt mich immer gleich nach der Arbeit vom Kindergarten ab. Ich freue mich schon immer auf sie. Und sie sich auch auf mich. Wir haben uns einfach lieb.«

Kinder verbinden Liebe unter anderem mit Zeit: »Mama hat Zeit für mich ...«, »Papa liest mir was vor ...«, »Mama kommt mich immer pünktlich abholen ...«.
Zeit ist in der Beziehung zu Kindern ein zentraler Faktor. Zeit zum Spielen, zum Zuhören, zum Kuscheln oder einfach zum Zusammensein. »Ich habe Zeit für dich«, ist definitiv ein Ausdruck der Liebe. Vor allem bei unserem hektischen Lebensstil ist für viele Eltern und Kinder das Füreinander-Zeit-Haben ein großes Geschenk.
Gemeinsam verbrachte Zeit hält Beziehungen zusammen, nährt die Familie und einen liebevollen Zusammenhalt. Für Kinder gehört das Gefühl geliebt zu werden zu den elementaren Bedürfnissen. Berührt zu werden und liebevoller Kontakt sind in dieser Phase des Lebens überlebensnotwendig. Je jünger das Kind, desto prägender wirkt die liebevolle Zeit auf sein zukünftiges Leben – im positiven, besten Sinn.

Kinder, die Liebesschule der Eltern
Eltern können eine Menge von ihren Kindern über Liebe lernen. Denn ...

- Kinder lieben unmittelbar.
- Kinder lieben leibhaftig.
- Kinder lieben unverstellt.
- Kinder lieben lustvoll.
- Kindliche Liebe kennt keine Bedingungen.
- Kindliche Liebe kennt keine Grenzen.
- Kindliche Liebe kennt keine Stereotype.[28]

? Wussten Sie, ...

... dass Forscher herausgefunden haben, dass das Gehirn eines Babys völlig neue Strukturen entwickelt, wenn es ausreichend Liebe und Zuwendung bekommt? Wird ihm diese intensive Liebe nicht gegeben, entwickeln sich ganze Bereiche des Gehirns nicht so, wie sie eigentlich sollten. Und in der Folge wird das Kind manche Fähigkeiten nie erwerben. *Die Zeit, die liebevoll, geduldig und wohl unterstützt mit kleinen Babys verbracht wird, ist kein Luxus, sondern ein lebenswichtiger Nährboden für unsere Kinder.*[29]

Die Gehirnforschung bestätigt, was Babys am meisten brauchen, damit ihr Gehirn optimal wächst: Liebe. Eltern, die von Beginn an mit ihren Kindern Zeit verbringen, erfahren auch selbst biochemische und in der Folge strukturelle Veränderungen im eigenen Gehirn: *Mehr Empathie dem Kind gegenüber, stärkere Liebe, eine ausgeprägtere Fähigkeit, Dinge an ihm wahrzunehmen und darauf zu reagieren sowie weniger Beschäftigung mit dem eigenen Ego.*[30]

2. Der sichere Hafen

Im Grunde sind es immer die Verbindungen mit Menschen,
die dem Leben seinen Wert geben.
Wilhelm von Humboldt

Ohne Bindung kein starkes Fundament
Vielleicht denken Sie beim Wort Bindung oder Bindungspersonen an den Moment kurz nach der Geburt, in dem sich das Baby und die Mutter aneinander binden. Das ist durchaus ein

wichtiger Moment im Leben eines Menschen, jedoch macht er nur einen kleinen Teil im Vergleich zu dem aus, was mit echter Bindung oder sogenannten Bindungspersonen gemeint ist.

Natürlich ist die Bindung zwischen Eltern und Kindern eine ganz besondere, einmalige Verbindung. Aber mit Bindung ist einer der stärksten, ausgeprägtesten Triebe gemeint, die alle Säugetiere sowie auch der Mensch besitzen. Dieser Bindungstrieb stellt sicher, dass das hilflose kleine Baby

- Schutz
- Fürsorge und
- Orientierung

sucht und vom Erwachsenen auch bekommt.

Damit sich Kinder ungestört entwickeln können, müssen sie sich geborgen und sicher fühlen. Wir sind die Spezies auf der Welt, die am stärksten von ihren Eltern abhängig ist. Wenn Bindungspersonen jungen Kindern einen sicheren Hafen bieten, können diese die Umwelt ohne Stress erforschen. Wir Erwachsene sind nun einmal die, die diese Verantwortung tragen. Wir sorgen für den Rahmen und die Geborgenheit, damit Kinder wachsen können. Dann können sie zu eigenständigen, unabhängigen Menschen und starken Persönlichkeiten heranwachsen.

Diese Geborgenheit lässt sich nicht zwischen Tür und Angel schenken. Dafür braucht es ein gewisses Maß an Zeit und Muße. Der Versuch, gewisse Prozesse abzukürzen, hat oft fatale Folgen. Je jünger die Kinder sind, desto abhängiger sind sie von den Erwachsenen. Und das dürfen sie auch sein. Bekommen sie die Zeit, die sie brauchen, um den nächsten Entwicklungsschritt von sich aus zu machen, dann wird dieser nicht nur scheinbar vollzogen, sondern tatsächlich.

Ich denke gerade an unseren Sohn. Er brauchte vielleicht noch mehr als manches andere Baby das Gefühl, dass ich in seiner Nähe war. Er wollte immerzu Körperkontakt mit mir haben. Er war so gut wie den ganzen Tag im Tragetuch und gehörte auch zu den Langzeitstillkindern. Wie oft hörte ich von anderen, dass ich ihn nicht so verwöhnen solle. Er muss doch auch lernen, ohne mich zurechtzukommen. So lerne er ja nie, allein seinen Alltag zu bewältigen. Aber unser Sohn wusste genau, was er brauchte. Er holte sich ganz viel Nähe und Geborgenheit. Mittlerweile ist er ein junger, starker Bursche und erobert schon seit vielen Jahren selbstständig und selbstbewusst die Welt. Alles zu seiner Zeit eben.

Geborgenheit

? Wussten Sie, …

… dass jeder fünfte Jugendliche im Alter von 14 bis 29 Jahren (20 %) mittlerweile davon überzeugt ist, dass Heiraten und Eheschließung heute ein Lebensrisiko sind? Dies trifft in gleicher Weise für das Vorhaben zu, eine Familie zu gründen (18 %). Und jeder elfte Jugendliche (9 %) betrachtet bereits das Eingehen einer festen privaten Beziehung als Wagnis. In einer Zeit, in der Flexibilität als höchste Tugend gefeiert wird, können individuelle Festlegungen und Verbindlichkeiten schnell als persönliche Schwäche ausgelegt werden.[31]

Wenn sich ein Kind sicher und geborgen fühlt, kann es sich dem inneren Bauplan der Seele, wie es Maria Montessori nannte, gemäß entfalten. Sein Geist und sein Gehirn öffnen sich für Neues. Wenn es sich *sicher, gesehen und gefühlt fühlt,* dann fühlt es sich so angenommen, wie es ist; dies ist die optimale Voraussetzung für die Entfaltung des Kindes.[32] Kinder, die Geborgenheit und Nähe erfahren, gehen gestärkter durchs Leben.

Haben Sie Zeit, Ihrem Kind Geborgenheit zu schenken, auch über das Säuglingsalter hinaus? Wann haben Sie mit Ihrem Kind auf der Couch gekuschelt oder es gehalten, ohne gedanklich schon beim nächsten Termin zu sein? Wann haben Sie Ihrem Kind am Nachmittag etwas vorgelesen, ohne daran zu denken, dass dies die sprachliche Entwicklung Ihres Kindes fördert? Die folgende Rabbi-Geschichte endet überraschend. Ich denke, eine solche Haltung würde uns so manche unangenehme Stresssituation im Alltag mit Kindern ersparen.

Die Rabbi-Geschichte
Ein Vater bringt sein Kind zum Rabbi und klagt darüber, dass der Junge keine Ausdauer beim Lernen habe.
Halten Sie kurz inne und überlegen Sie, wie Sie in diesem Moment als Rabbi reagieren würden. Was würden Sie mit dem Ihnen anvertrauten Kind machen? Was macht der Rabbi?
Der Vater geht und der Rabbi nimmt das Kind, bettet es schweigend an sein Herz, bis der Vater zurückkommt. Er gibt ihn dem Vater zurück mit der Bemerkung, er habe dem Jungen ins Gewissen geredet und es werde ihm an Ausdauer nicht fehlen.[33]

Sind nicht wir Erwachsenen die Gehetzten, die sich gleichzeitig von den Kindern mehr Ausgeglichenheit und Ausdauer wünschen? Selbstverständlich schafft man es als Mutter oder Vater nicht immer, einfühlsam und ruhig zu reagieren. Außerdem lässt dies ein Kind nicht in jeder Situation zu. Es geht vielmehr um eine innere Haltung, die so manchen Stress aus vielen Alltagssituationen nehmen würde. Oft sind Umarmungen hilfreicher als Worte. Je jünger das Kind, umso leichter lässt es sich durch körperliche Zuwendung auffangen. Denn in vielen Situationen ist es für logische Argumente nicht empfänglich. Oft reicht es nur, einfach da zu sein.

Julia Dibbern, eine der innovativsten Erziehungsexpertinnen Deutschlands, empfiehlt, dass sich immer der Versuch lohne, die Probleme einmal anders zu lösen, wenn es in der Beziehung zu den

Eltern wackelt. Ihr Tipp lautet, mit jungen Kindern nicht immer zu reden, sondern bewusst körperliche Nähe zu schenken. Versuchen Sie das Problem wortlos aus der Welt zu schaffen! Zum Beispiel mit Huckepacktragen. Nicht alles muss durch Worte gelöst werden. Meist ist es effektiver, einer urtümlicheren Kommunikation zu vertrauen. Die Kinder fühlen sich nicht nur glücklicher und sicherer, auch die Gesundheit hängt eng mit Geborgenheit und emotionalem Wohlbefinden zusammen. Oft lassen sich aufziehende Krankheiten allein dadurch verhindern, dass das Kind eine Weile bei Mama oder Papa unter der Bettdecke verbringen darf – auch wenn gerade etwas ganz anderes auf dem Terminplan steht.[34]

Auswirkungen

Ein Mangel an Geborgenheit in der Kindheit kann negative Auswirkungen bis ins Erwachsenenalter haben, wie die internationale Konferenz »Bindung und Psychosomatik«, die 2013 stattfand, aufzeigt. Frühkindliche Traumatisierung steht in Zusammenhang mit Entzündungskrankheiten im Erwachsenenalter sowie Herz-Kreislauf-Erkrankungen und Magersucht. Auch Verbindungen zu Aufmerksamkeitsdefizitstörungen (ADS/ADHS), Asthma und Schmerzsyndromen stehen zur Diskussion.[35] Für sehr junge Kinder ist es leichter, später kognitive Fähigkeiten aufzuholen. Was ihnen aber in der emotionalen Entwicklung fehlt, können sie nicht mehr nachholen.[36]

Auch wenn das Kind älter wird, wird das Lernen leichter gelingen, wenn es zu den Personen, von denen es lernt, eine sichere Bindung aufgebaut hat. Das hat nichts mit »Kuschelpädagogik« oder Laissez-faire-Erziehung zu tun. Kinder müssen sich in ihrer Umgebung sicher fühlen, im Elternhaus, im Kindergarten und in der Schule. Nur dann können sie sich gut entwickeln und nachhaltig lernen. So schreibt der Bindungsforscher Stanley Greenspan: »Bindung geht der Bildung voraus«.[37]

Somit können Kinder nur durch das Erleben tiefer Geborgenheit, Annahme und Wertschätzung gesunde »Wurzeln« in Form von Lebensfreude und Sicherheit ausbilden. Gleichzeitig sind sie geschützt vor Ängsten und seelischen Irritationen.

Geborgen und voller Vertrauen

Vertrauen aufzubauen braucht immer Zeit. Dies geschieht nicht von heute auf morgen. Eltern müssen die Gelegenheit haben, mit der Zeit und durch praktische Übung eine sensible Beziehung zu ihrem Baby aufzubauen, meint der Psychologe Steve Biddulph in seinem Buch »Das Geheimnis glücklicher Babys«. Es braucht Zeit, das Baby wirklich kennenzulernen, sein inneres Wesen, seine Bedürfnisse sowie seine Wege, diese Bedürfnisse mitzuteilen.

Nur wenn sich Eltern und Kinder Zeit füreinander nehmen, kann echtes Vertrauen entstehen. Dieses wiederum ist die Basis dafür, dem eigenen Kind zu vertrauen, dass es sich seinem eigenen Bauplan entsprechend entwickeln wird und darf. Dieses Vertrauen brauchen wir, um mehr Wärme gegenüber Kindern zu entdecken. Dann wird es nicht mehr nötig sein, dem Kind vieles von außen aufzudrücken, es von einem pädagogisch durchstrukturierten Nachmittagsangebot zum nächsten zu schicken. Es geht um das Vertrauen zu sehen, mit welcher Freude sich junge Kinder unterschiedlichste Dinge selbst aneignen.

Würden wir mehr die Lebendigkeit der Kinder achten, könnten wir auch wieder die Freude entdecken, mit der sich Kinder in die Welt hinauswagen. Und dem gemeinsamen Leben mit Kindern würde eine andere Bedeutung zugemessen werden. Eine gelassene, entspannte Grundhaltung würde in den Familien Einzug halten. Es wäre zwar nicht immer alles nur einfach, aber voller Vertrauen! Eine Grundhaltung des Vertrauens, die wir alle so dringend brauchen würden.

Erwachsene Eltern

Kindern einen sicheren Hafen bieten können aber nur Eltern, die »erwachsen« geworden sind. Eltern, die Kindern wirklich geben können, was sie brauchen, und die sich nicht davor drücken, sie zu erziehen. Dazu gehören auch liebevoll und sorgsam gesetzte Grenzen. Immer mehr Kinder »schreien« regelrecht danach, sich sicher zu fühlen innerhalb klarer Rahmenbedingungen im familiären Zuhause. Kinder fühlen sich sonst rasch hilflos und reagieren unter anderem mit »tyrannenhaftem« Verhalten. Kinder verlieren den Halt, wenn ihre Wünsche mit ihren wahren Bedürfnissen verwechselt werden.

3. Die wahren Bedürfnisse

Die Bedürfnisse von Kindern verändern sich im Lauf der Zeit. Ein Baby ist im Allgemeinen zufrieden, wenn die meisten seiner Grundbedürfnisse wie Hunger, Schlafen, Sich-geborgen-Fühlen, Körperpflege und liebevolle Ansprache von einem geliebten Menschen erfüllt werden. Damit würde sich ein Grundschulkind wohl kaum zufriedengeben. Je älter das Kind, umso weniger müssen und können wir alle Bedürfnisse befriedigen. Es geht in erster Linie darum, diese wertzuschätzen und zu respektieren.

Definitiv wäre es nicht gesund und im Regelfall auch unmöglich, alle Bedürfnisse eines Kindes zu befriedigen. Vielmehr geht es oft nur um Wünsche, die mit wahren Bedürfnissen verwechselt werden. Die neuesten Designerschuhe besitzen zu wollen oder Schokolade zum Frühstück zu essen, sind keine Bedürfnisse.

Auch wenn die Kinder älter werden, gehören zu den wahren Bedürfnissen so einfache, aber elementare Dinge wie Liebe, Geborgenheit, liebevolle Führung und Orientierung. Ein offenes Ohr und authentische Gespräche, wenn Krisen durchlebt werden. Genügend zu essen, eine warmherzige familiäre Umgebung und Zuverlässigkeit. Als der gesehen zu werden, der man ist.

Es geht nicht um einen konsumorientierten Lebensraum, vielmehr um einen »artgerechten«. Viele Eltern neigen dazu, alle Wünsche des Kindes erfüllen zu wollen. Manche von ihnen halten es schlicht und einfach nicht aus, ihr Kind frustriert oder traurig zu sehen. Dies lässt sich aber nicht immer vermeiden und stellt sogar einen wichtigen Erfahrungsraum für die Kinder dar. Es gehört nun mal zum Leben, nicht alle Wünsche gleich und sofort erfüllt zu bekommen, sondern auch mal zu warten oder etwas auszuhalten. Kindern, die »dauerumsorgt« werden, fehlen wichtige Erfahrungen, wie

• das Gefühl, selbst etwas zu bewältigen
• etwas zugemutet zu bekommen oder
• schlicht und einfach in Ruhe gelassen zu werden.

Stehen Eltern unter Dauerstress, Zeitdruck oder sind ständig abgelenkt (nicht präsent im Hier und Jetzt), können sie die wahren Bedürfnisse des Kindes nicht erkennen. Anstatt echter Aufmerksamkeit werden dem Kind Ersatzbefriedigungen angeboten.

4. Zeit, Muße und Langeweile

Wirtschaftswissenschaftler sagen jetzt aufgrund der verfügbaren Beweislage, dass die Investition in die frühe Kindheit eine der wichtigsten Investitionen ist, die ein Land machen kann, die sich im Laufe der Zeit um ein Vielfaches auszahlen wird.[38]

Weltgesundheitsorganisation (WHO)

Von welcher Investition ist hier die Rede? Diese Aussage kann auf unterschiedliche Weise interpretiert werden. Sollen Eltern mit ihrem Kind die ersten Jahre entspannt zu Hause verbringen? Oder ist eine frühe Fremdbetreuung die bessere Wahl? Ist beides gleichzeitig möglich? Was versteht man unter dieser frühen Investition in die Kindheit? Darüber gibt es keine stichfesten Aussagen.

Wir wissen, dass gerade die ersten Lebensjahre enorm prägend dafür sind, wie das weitere Leben verläuft. Es ist schon lange bekannt, dass die frühen Eindrücke aus der Kindheit das Gehirn und somit den Menschen formen. Das was ein Kind in den ersten Jahren erlebt und kennenlernt, wird den weiteren Verlauf dieses Menschenlebens erstaunlich beeinflussen. Dessen sind sich viele Eltern bewusst. Doch gerade diese Erkenntnis lässt einen absoluten »Frühförderwahn« um sich greifen.

Was ist darunter zu verstehen, »in die frühe Kindheit zu investieren«? Soll das Kind von einer pädagogischen Freizeitaktivität zur nächsten chauffiert werden? Ist Chinesisch im Kindergarten wichtig, damit sich das Kind einmal in der freien Marktwirtschaft behaupten kann? Soll das Kind schon sehr früh eine Krippe besuchen, damit es seine sozialen Fähigkeiten mit Gleichaltrigen trainieren kann? Ein Instrument, zwei Instrumente oder doch besser drei erlernen? Bleibt zwischen all den Förderangeboten noch Zeit, die wahren Bedürfnisse eines Kindes zu respektieren, sodass es sich seinem inneren Bauplan gemäß entwickeln kann? Bleibt noch Zeit, um sich im freien Spiel zu entfalten? Bleibt noch Zeit für echte Abenteuer im Wald und auf der Wiese?

Eltern wollen das Beste für ihr Kind

Erfreuliche Tatsache ist, dass Eltern heute bewusst mehr Zeit mit ihren Kindern verbringen als noch vor vielen Jahren. Eltern liegt heute mehr am Wohle ihrer Kinder als in vergangenen Zeiten. Sie wollen ihr Bestes. Und das ist auch gut so. Aber was ist das Beste? Was wird den Eltern vermittelt, was das Beste für ihr Kind sei? Fragen, die sehr kritisch betrachtet werden müssen.

Auch wenn Eltern das Beste für ihren Nachwuchs wollen, wissen die meisten nicht, was denn das nun sei. Unsicherheit macht sich breit. Es gibt viele Erziehungsberater, aber sicherlich keine einheitlichen Orientierungshilfen. Jede Familie muss den für sich richtigen Weg finden. Die Gefahr besteht darin, dass vor lauter Angeboten und Angst davor, das Kind nicht rechtzeitig zu fördern, das Gefühl für die echten Bedürfnisse des Kindes verloren geht. »Immerhin spielt Lisa von nebenan Geige, Klavier und Klarinette. Na ja, und in der Schule hat sie einen ausgezeichneten Erfolg, versteht sich.« Auch wenn Kinder diesem privaten Förderwahn nicht ausgesetzt werden, begegnen sie ihm spätestens in der Schule. Bildungsrahmenpläne enthalten straffe Vorgaben.

Zum Thema »Gelassenheit« oder »Kindern Zeit lassen« äußert sich die Weltgesundheitsorganisation nur sehr spärlich. Auch die Wirtschaft sieht gern beide Elternteile am Arbeitsmarkt, am besten gleich wieder kurz nach der Geburt des Kindes, denn Zeit ist Geld. Die Eltern werden von der Wirtschaft verschluckt – und die Kinder oft gut darauf vorbereitet, fleißige Arbeiter zu werden.

Auch wenn Eltern mehr Zeit als früher mit ihren Kindern verbringen, muss die Frage gestellt werden, wie sie diese Zeit verbringen. Kinder brauchen nicht die ständige Aufmerksamkeit der Erwachsenen. Sie genießen es, in einem liebevollen, entspannten und gelassenen Umfeld ihre eigenen Erfahrungen zu machen. Hilfe dann zu bekommen, wenn Hilfe benötigt wird. Und das ist weniger häufig der Fall, als wir vielleicht vermuten. Je jünger das Kind, desto wohler fühlt es sich, wenn es in einem sicheren Umfeld von wenigen Bezugspersonen betreut wird.

Viele Kinder stehen heute unter Stress. Die Auswirkungen unserer Lebensweise greifen auch bei den Jüngsten bereits um sich. Es wird allerhöchste Zeit für uns, einen gelasseneren Lebensstil auf allen Ebenen zu entwickeln. Gelassene Eltern – glückliche Kinder. Ist das so? Auf jeden Fall.

Zeit

Lassen wir den Kindern wieder mehr Zeit, damit sie ihre eigenen Entwicklungsschritte im rechten Zeitraum machen können. Zeit dafür, dass sie im freien Spiel – ihrer Arbeit – die Welt erforschen können. Zeit, die Sonne auf der Haut zu spüren, nicht nur im Urlaub. Zeit dafür, sich selbst vertrauen zu lernen, weil es gut und richtig ist, so wie sie ihr Leben angehen. Die nächste Generation braucht Zeit, um Liebe, Empathie und Achtsamkeit zu erleben, sich selbst zu spüren, die eigenen Bedürfnisse wahrzunehmen und sie mitteilen zu lernen. Das alles, damit sie den Wandel, der unsere Welt nachhaltig verändern wird, einläuten kann.

Ich lass dir Zeit:

- deine Emotionen zu spüren
- deiner Trauer Ausdruck zu geben
- zum Spielen
- deine Krisen zu durchleben
- krank sein zu dürfen
- Langeweile zu ertragen
- Freude zu erleben
- dich langsam von mir abzunabeln
- dich in der Nacht an mich zu kuscheln, wenn du dich sicherer dabei fühlst
- eine tiefe Bindung zu den Menschen, die du liebst, aufzubauen
- selbstständig die Welt zu entdecken
- für dich ganz allein zu sein
- dich selbst kennenzulernen
- für Pausen
- um Fehler zu machen ...

Diese Liste könnte endlos weitergeführt werden.

! Übung

Nehmen Sie sich einen Moment Zeit. Was bewirken die obigen Aussagen bei Ihnen, wenn Sie sich vorstellen, Ihre Eltern hätten sich Ihnen gegenüber so verhalten, Ihnen viel Zeit gelassen. Wäre dies nicht ein unglaublicher Akt des Vertrauens gewesen?

Vom richtigen Zeitpunkt

»Alles geschieht zu seiner Zeit«, heißt es im Volksmund. Das scheinen wir in unserer modernen, schnelllebigen Gesellschaft vergessen zu haben. Es wird kontrolliert, manipuliert und vieles von außen gesteuert. Je jünger ein Kind, desto schwerwiegendere Folgen hat es, wenn wir ihm wichtige Erfahrungen zu bestimmten Zeitpunkten vorenthalten. So brauchen zum Beispiel Babys, wie erwähnt, vor allem Geborgenheit, Zuwendung, Körperkontakt und viel Liebe der Eltern. Liegt das noch im Trend der Zeit? *Im Gehirn eines Babys wachsen die richtigen Bereiche nur und werden die richtigen Verbindungen nur dann hergestellt, wenn wir dem Baby die richtigen Erfahrungen zur richtigen Zeit ermöglichen.*[39]

Sensible Phasen

Maria Montessori sprach von sogenannten »*sensiblen Perioden, sensiblen Phasen oder Entwicklungsperioden*«; mit diesen Begriffen ist eine *spezielle Empfänglichkeit gemeint, die in einem Entwicklungsprozess periodisch auftritt.*[40]

Als sensible Periode wird also eine besondere Zeit der Empfänglichkeit bezeichnet. Diese Phase tritt in einem bestimmten Entwicklungsstadium des Menschen auf und ist zeitlich begrenzt. In dieser Zeit kann das Kind sehr leicht eine bestimmte Fähigkeit erlernen.

Somit folgt Wachstum laut Montessori einem inneren vorgegebenen Bauplan, in den der Erwachsene nicht eingreifen kann. Das Kind ist in einer sensiblen Phase an einem Thema interessiert, lernt mit Freude und Leichtigkeit. Es beschäftigt sich mit höchstem Energie- und Konzentrationsaufwand, der so gut wie nie zu einem Erschöpfungszustand führt. Im Gegenteil: Kann das Kind ungestört arbeiten und wird es vom Erwachsenen nicht unterbrochen, fühlt es sich am Ende seiner Arbeit entspannt. Es wirkt zufrieden, kräftiger und vor allem auch unabhängiger. Werden diese sensiblen Phasen missachtet, so kann laut Montessori das Versäumte nur unter größtem Aufwand nachgeholt werden. Eine Fähigkeit neu zu erlernen, würde zu einer ermüdenden Tätigkeit werden.

Kirschblüten

Vor unserer Balkontüre blühen jedes Jahr rund um den Geburtstag unserer Tochter die Kirschblüten. Wenn mein Mann und ich daran denken, düngen wir ab und zu den Baum. Wir schneiden seine Äste, damit er im nächsten Jahr gut austreibt. Aber wann er genau blüht, wissen wir von Jahr zu Jahr nicht. Es ergibt keinen Sinn, ihn zur Eile zu drängen. Er blüht, wenn es Zeit für ihn ist. Das ist manchmal früher, manchmal wieder etwas später. Er folgt seinem eigenen inneren Rhythmus. Seinem ganz eigenen Tempo. Eben dem Tempo der Pflanzen.

Im übertragenen Sinn hat auch jeder Mensch sein eigenes Tempo. Genauso wenig, wie wir den inneren Rhythmus des Kirschbaumes beeinflussen können, können wir auch die natürliche, innere Entwicklung eines Menschen beschleunigen. Besonders gut können wir diesen inneren Rhythmus bei Kindern beobachten. Wir werden wahrscheinlich nie ganz verstehen, welche Prozesse Kinder in ihrer Entwicklung durchlaufen. Jedes Kind hat seine ganz eigene Zeit. Es durchlebt seine ganz eigene Entwicklung, seinem eigenen inneren Rhythmus folgend.

Keiner käme auf die Idee, ein Kind drei Monate vor dem eigentlichen Geburtstermin aus dem Bauch der Mutter zu holen mit der Begründung, es solle schon etwas früher atmen lernen, damit ihm dies später im Leben leichter falle. Wir sollen und müssen das persönliche Wachstumstempo respektieren. Vor allem bei unseren Kindern. Oder mit den Worten von Penny Ritscher ausgedrückt: »Wir dürfen nicht in die Falle gehen, aus Kindern ›Frühobst‹ machen zu wollen, denn wir wissen doch: Alle Früchte, die vor ihrer Jahreszeit reifen, schmecken schlechter und verderben schneller.«[41]

Langeweile und Kreativität

»Mir ist so langweilig. Ich weiß nicht, was ich machen soll.« Diese Aussagen höre ich manchmal von meinen Kindern. Mein erster Gedanke ist meist, ihnen eine Beschäftigung anzubieten. Dann erinnere ich mich an meine manchmal etwas versteckte »Gelassenheit«.

Denn insgeheim weiß ich, das ist der Augenblick, kurz bevor etwas ganz Großartiges entsteht. Kleine Krisen, die eine enorme Chance in sich bergen.

Langeweile sei hirntechnisch das Beste, was einem Kind passieren könne, sagt der Neurobiologe Gerald Hüther. Kinder besitzen von Natur aus eine unglaubliche Entdeckerfreude und Neugierde, die es ihnen ermöglicht, sich alles anzueignen. Die Langeweile trägt viel an wunderbaren Möglichkeiten in sich. Was versteckt sich hinter diesem Wort? Die »lange Weile«! Sie birgt Entfaltung in sich und lässt Kreativität entwickeln. In ihr können sich die Kinder selbst wahrnehmen, sich spüren und sie erlaubt ihnen innezuhalten. Das ist ein entscheidender Faktor für inneres Gleichgewicht und Gesundheit. Es macht stark für neue Aktivitäten.

Sich in die Stille zu wagen, schärft unsere Sinne – im Gegensatz zur Ablenkung, die uns nur vor uns selbst schützt oder vor unserer Angst der inneren Leere. Um uns selbst zu spüren und wahrzunehmen, brauchen wir Raum für uns selbst und die Stille. Haben unsere Kinder dafür noch Zeit? Oder schulen wir sie von klein auf darauf, ein Ziel zu erreichen.

Kinder kennen kaum noch das Alleinsein und Zeit, um sich gelassen mit sich selbst zu beschäftigen. Doch es ist genau das, was nicht nur unsere Kinder, sondern auch wir selbst sehr dringend brauchen.[42]

Ich stelle mir immer wieder die Frage, ob diese Haltung denn genug Profit bringen würde? Oder anders formuliert: Treibt dieses Verhalten das Wirtschaftswachstum an? Wohl kaum. Somit meiden dann doch viele unter uns die »lange Weile« und lenken sich mit allem Möglichen ab.

Manuela, 38 Jahre, ist Kindergartenleiterin. Sie erzählt aus ihrem beruflichen Alltag: »Kinder können gar nicht mehr mit Langeweile umgehen. Sie sind es einfach nicht mehr gewohnt. Es haben ja sogar wir damit Schwierigkeiten, diese Leere auszuhalten. Weil wir sie ja allesamt nicht mehr gewohnt sind. Wenn ich ganz ehrlich bin, merke ich auch bei mir, dass ich versuche, einem Kind etwas anzubieten, wenn es keine Beschäftigung findet.«

Kreativität

Je getakteter das Leben eines Kindes ist, desto weniger Zeit bleibt für kreative Musen. Jedoch ist genau die Langeweile der Motor der Kreativität.

Kinder brauchen einen gewissen Schutz, um ihre Kreativität entwickeln zu können. Wenn ein Kind unter den Dauerberieselungen von Fernsehen und PC aufwächst oder ihm ständig verschiedene Angebote serviert werden, fehlen jegliche Herausforderungen, die es sich selbst stellen möchte.

In unserer Gesellschaft wird oft übersehen, dass Kinder von sich aus kreativ sein wollen, ihrem eigenen Rhythmus folgend. Kreativität kann man jedoch nicht mit einem Knopfdruck ein- oder ausschalten. Weder ehrgeizige Eltern noch Bildungspolitiker können dies mit ihren gut gemeinten Ratschlägen fördern. Kinder brauchen dafür vor allem Freiräume und Zeit. Wir müssen Kindern mehr Möglichkeiten geben, ihre inneren Räume zu erkunden. Das ist auch das beste Mittel, sie davor zu bewahren, für wirtschaftliche Zwecke missbraucht zu werden.

5. Spielen, die Arbeit der Kinder

Lasst die Kinder ungestört spielen.

Jean Paul

Sechs Uhr morgens. Halb verschlafen höre ich, wie kleine, zarte Fußtritte unseren langen Vorraum entlanglaufen. Wohin? Direkt ins Wohnzimmer. Unser jüngster Sohn, gerade einmal zwei Jahre alt, verlässt schon zu so früher Stunde unser warmes Bett. Nach einem kurzen zärtlichen Drücker macht er sich mit schnellen Schritten auf zu seinem Spieleparadies. Voller Enthusiasmus und Begeisterung.

Keine Müdigkeit, kein Jammern. Denn er hat Großartiges vor. Bausteine aufeinander stapeln, mit den Autos fahren, die kleinen Holzfiguren einkaufen lassen. Ich beneide ihn um diese Freude und Leidenschaft, mit der er sich dem Spiel hingibt. Ich nicke wieder sanft in meinen geliebten Schlaf, da erinnere ich mich an meine Schulausbildung vor vielen Jahren. Mein Grundberuf ist Kindergartenpädagogin. Als junge Schülerin der Kindergartenschule hörte ich von SchülerInnen anderer Schulen wie Gymnasien, Handelsakademien oder Technischen Schulen nur zu oft: »Ja ihr, ihr spielt doch nur mit den Kindern!« Wenn die wüssten. Spielen gehört zu den fundamentalsten und wichtigsten Arten des Lernens. Nur im Spiel entfalten Kinder ihre geistigen und körperlichen Möglichkeiten.

Echtes Spiel braucht Zeit
Ein gelassenes Familienleben kann nur möglich sein, wenn wir Kindern Zeit lassen für Dinge, die für ihre Persönlichkeitsentwicklung grundlegend sind. Etwas, das so viel Spaß macht, das so vieles Neues entdecken lässt, das so interessant und vielseitig ist wie Spielen, lässt Kinder gesund heranwachsen. Wenn wir ihnen die Zeit dafür zugestehen und sie nicht von einem Termin zum anderen hetzen, verläuft der Tag wesentlich entspannter. Die Kinder selbst sind ausgeglichener und machen weniger Stress. Aber für echtes Spiel brauchen sie Zeit. Richtig viel Zeit.

Es funktioniert nicht, sich auf einen Spieleprozess einzulassen, wenn zwischendurch zehn Minuten Zeit bleiben, um »schnell mal zu spielen«. »Geht schnell spielen, aber räumt ja nicht zu viele Bausteine her, das zahlt sich nicht aus. Wir müssen dann zum Musikkurs ...« Wie sollte so echtes Erleben stattfinden?

Willibald, 65 Jahre, erinnert sich: »Bei uns gab es diese Frage nicht: ›Wie lange darf ich noch spielen?‹, so wie ich sie von meinem Enkel oft höre. Wir wussten nicht, wann wir aufhören sollten zu spielen. Wir wussten nur, wenn es plötzlich dunkel wurde, mussten wir schnell nach Hause laufen. Wir hatten viel Zeit. Viel leere Zeit, die gefüllt werden wollte.«

Gelegenheit zum Spielen

Spielen ist vermutlich der am meisten unterschätzte
Teil unserer Lebenswirklichkeit.

Martin Buber

Zu jeder Zeit in jeder menschlichen Kultur haben Kinder gespielt. Kinder spielen noch immer in der gleichen Weise wie früher, solange wir sie nicht ständig stören und ihnen Gelegenheit dazu lassen. Erwachsene wie Kinder wollen etwas Produktives tun. Sie wollen sich ausdrücken, in dem was sie tun. Meine Arbeit ist mir wichtig. Sie ist ein Stück Sinn in meinem Leben. Ich kann meinen Beitrag leisten, meinen Lebensunterhalt erwerben. Wenn ich dann am Abend müde bin, weiß ich, was ich getan habe, und das ist ein befriedigendes Gefühl.

Kinder wollen sich ebenso von sich aus ausdrücken und etwas tun. Das Spiel ist die »Arbeit« des Kindes, wie Maria Montessori sagte. Es ist sein Beruf. Keineswegs ist dies nur eine »Spielerei«. Das Kind erwirbt durch das Spiel lebensnotwendige Kompetenzen. Es ist bekannt, dass Kinder mit einer ausgeprägten Spielfähigkeit auch stets eine hohe Schulbereitschaft aufweisen. Bestimmte Spielformen wie das Bau- und Konstruktionsmaterial, das Märchen- und Theaterspiel und das Rollenspiel aktivieren besonders stark die kognitiven und sprachlichen Fähigkeiten eines Kindes. Aber dazu braucht es wiederum Zeit, viel Zeit. Das Spiel und die Kreativität können sich nicht entfalten, wenn in zehn Minuten schon der nächste Termin wartet.

Wer als Erwachsener das Spiel der Kinder begrenzen will, trägt zu einem hohen Erfahrungsverlust der Kinder bei.[43] Braucht es vielleicht einfach mehr Mut des Erwachsenen, dem Kind zu erlauben immer weiter spielen zu dürfen, anstatt ihm irgendwann mit ernster Miene zu erklären, dass jetzt der Ernst des Lebens beginne?

Es wird noch einige Zeit dauern, meint Gerald Hüther, bis bei allen Eltern und Frühpädagogen die Erkenntnis angekommen ist, dass Kinder freies und unbekümmertes Spielen für ihre Entwicklung dringend brauchen. Kinder sind keine Maschinen. Sie funktionieren auch nicht so. Jedoch sind noch immer viele Erwachsene davon überzeugt, dass Kinder so früh und effizient wie möglich, auf die Anforderungen der modernen Leistungsgesellschaft vorbereitet werden müssen.[44] Und vorbei ist es mit einem gelassenen Familienalltag. Denn er wird vorwiegend dominiert von Hektik, Stress und Angst.

Das verlorene Genie

Lass alles, was du tust, Spielen sein,
denn dann wirst du deine Bedürfnisse erfüllen.

Marshall Rosenberg

Die Angst vor der Zukunft ist es, die viele Eltern die Zeit ihrer Kinder durchplanen lässt. Es ist die Befürchtung, ihr Kind könnte in der großen, weiten Welt nicht bestehen, wenn es nicht schon von klein auf mit pädagogisch wertvollen Angeboten »gefüttert« werden würde.

Viele Eltern, die ich kenne, erzählen selbstverständlich lieber von ihrem Kleinen, der bei seinem gelungenen Geigenkonzert einen tosenden Applaus bekam, als von ihrem Lausbuben, der richtig viel Spaß dabei hatte, letztes Wochenende dem Nachbarn die Äpfel vom Baum zu stehlen! Bildung hin oder her. Vor lauter Förderkursen und Bildungsangeboten, vollgepackten Terminkalendern und einem gestressten Lebensstil der Erwachsenen bleibt das freie kindliche Spiel auf der Strecke.

Damit sich Entwicklungsprozesse in Kindern festigen können, so Armin Krenz, benötigen sie auf jeden Fall genügend Zeit und viel freies Spiel. Kinder können aus Handlungswiederholungen Sicherheiten entwickeln. Diese sind notwendig, um neue Entwicklungsschritte aufnehmen zu können.[45]

Wir müssen wieder viel mehr auf das Bedürfnis unserer Kinder nach mehr Zeit zum Spielen eingehen, als sie mit zu viel an vermittelter Bildung anzufüllen.

6. Erwachsenenfreie Zonen

Guten Tag, **liebe Eltern,**
hinter dieser Tür werden Ihre Fragen nur beantwortet, wenn Sie glaubhaft versichern können, dass
- *Sie Ihrem hier* **studierenden Kind** *heute Morgen die Kleidungsstücke zurechtgelegt haben, die es gerade trägt.*
- *Sie ihm eine Frühstücksdose mit gesundem Inhalt in den Rucksack gepackt haben.*
- *Sie ihm beim Verlassen des Hauses den Reißverschluss an der Jacke zugezogen haben.*
- *Sie mindestens noch 30 Sekunden in der Haustür oder am Küchenfenster verfolgt haben, dass es auf dem Weg zur Universität nicht bummelt.*

(Ironischer Hinweis der Verwaltung der Uni Duisburg-Essen, 2013)

Zwei Augen sehen mehr als vier

Zwei Augen sehen mehr als vier ... Wie ist denn das zu verstehen, fragen Sie sich? Es ist nicht zu übersehen, dass sich Kinder immer öfter unter ständiger Beobachtung befinden. Für Kinder gibt es kaum mehr erwachsenenfreie Zeiten oder Orte. Kinder sind selten unter sich. Wenn für das jüngere Kind die Anwesenheit von zumindest einem Erwachsenen überlebensnotwendig und emotional enorm wichtig ist, verbringen ältere Kinder zunehmend gerne Zeit »unter sich«. Aber meist sind in unserer modernen Gesellschaft Erwachsene anwesend, ob nun Eltern, Lehrer, Trainer, Musikschullehrer, Freizeitpädagogen oder wer auch immer. Die Kinder werden von einer Hand zur nächsten gereicht. Die Augen sind ständig auf sie gerichtet.

»Schau doch wieder einmal öfter Papa an«, meinte Juliane letztens zu ihrer Mama. Diese versteckte Botschaft könnte auch lauten: »Wenn du Papa öfter wieder mal in die Augen sehen würdest, würdest du nicht immer nur mich sehen. Das würde mir etwas mehr Raum und Gestaltungsfreiheit verschaffen.« Zwei Augen sehen eben mehr als vier.

Auf viele Kinder trifft mittlerweile das »Vier-Zwei-Eins-Schema« zu. Vier Großeltern, zwei Elternteile und ein Kind. Die gesamte Aufmerksamkeit wird auf dieses eine Kind gerichtet. Das ruft jedoch nach Freiheit und geheimen, abenteuerlichen Unternehmungen. Was braucht es von Erwachsenen? Es braucht den Mut loszulassen. Der Erwachsene muss dem älteren Kind Freiraum und auch zeitlich Raum zur Verfügung stellen. Er muss ihm liebevolles Interesse entgegenbringen, damit sich das Kind entfalten kann. Das funktioniert nur, wenn er ihm Erfahrungsmöglichkeiten zugesteht. Dazu gehört natürlich, dass auch gewisse Risiken in Kauf genommen werden müssen. Ganz sicher wieder mehr Humor und Daseinsfreude anstatt ständiger Kontrolle und Angst. Das Kind will sich ausprobieren, Grenzen überwinden, sich selbst spüren und die Welt auf seine Weise erobern.

Überbehütung und Überfürsorglichkeit

Die Begriffe Überbehütung und Überfürsorglichkeit bezeichnen allgemein Verhaltensweisen von Eltern, bei denen das Bedürfnis, ihr Kind zu beschützen und zu versorgen, übermäßig ausgeprägt ist. Aber ist denn das Leben nicht immer auf der unsicheren Seite? Wir wollen ständig Sicherheit und haben gleichzeitig absolut keine Ahnung, was uns die Zukunft bringen wird.

Irgendwann in der Evolution entwickelten wir die Vorstellung, wir würden uns sicherer fühlen, wenn wir alles kontrollieren. Der Wunsch nach Kontrolle wird bei vielen immer größer. Das Problem dabei ist, dass wir zugleich immer ängstlicher und unlebendiger werden.

Eine besonders massive Form von kontrollierenden Eltern stellen die sogenannten Helikopter-Eltern dar. Dieser Begriff ist eine Bezeichnung für eine moderne Form der Überbehütung. Gemeint sind Eltern, die wie ein Beobachtungs-Hubschrauber ständig um ihre Kinder kreisen. Aber ist das wirklich so neu?

Herbert Renz-Polster weist darauf hin, dass die Einkürzung der Kindheit, die wir derzeit erleben, in der Geschichte immer wieder einmal erprobt wurde. So wurde vom Hochadel im Mittelalter bis weit in die Neuzeit hinein die Kindheit radikal von Erwachsenen gesteuert – *die potenziellen Erben und Thronfolger wuchsen in einem pädagogischen Korsett von Ammen, Hofmeistern, Erziehern und Hauslehrern auf. Was dabei an Pathologie und Problemfiguren herauskam, sieht, wer die Geschichtsbücher aufschlägt – viele dieser Idioten in Nerzgewändern schrieben ja Weltgeschichte. Und was für eine.*[46]

Wir müssen Kindern wieder mehr Räume zur Verfügung stellen, in denen sie allein sowie unter sich sein können. Niemand, der ständig beobachtet, verglichen oder diagnostiziert wird, kann sich zu einem selbstbestimmten Erwachsenen entwickeln!

Von Höhlen und anderen Abenteuern

Eine meiner schönsten Kindheitserinnerungen ist, dass ich ganz allein in meiner Höhle im Wohnzimmer saß. Als Höhle diente mir der Tisch, der mit vielen Tüchern verhangen war. Unter dem Tisch waren Kissen und Decken, nur für mich allein. Es ist nicht nur eine meiner liebsten Kindheitserinnerungen, sondern auch eine, an die ich mich am deutlichsten erinnern kann.

Wenn wir Kinder beobachten, finden sie immer wieder kleine Nebenräume im Haus oder eine Nische hinter der Tür, die als Rückzugsorte herhalten. Diese unbeobachteten Ecken dienen einem fundamentalen Bedürfnis, das von den Erwachsenen oft zu wenig beachtet wird: dem Bedürfnis, sich aus der Gruppe zurückzuziehen. Ganz für sich allein zu sein. Geben Sie Ihrem Kind die Möglichkeit, solche Höhlen oder Hütten zu bauen.

♥ Was Sie sofort umsetzen können:

Für ihren ganz eigenen Rückzugsort brauchen Kinder nicht viel. Einige Kartons oder ein kleines Zelt, eine Stoffbahn und ein paar Kissen. Wichtig ist es, das Bedürfnis nach Rückzug zu akzeptieren und dem Kind die Gelegenheit zu bieten, sich aus dem Alltagsgeschehen herauszunehmen.

III.
Familien heute – Warum Familien unter Druck stehen und wie sie es schaffen, gelassen den Alltag zu leben

Mythos oder Wahrheit?

Oft höre ich in meiner Praxis, dass Eltern und Kinder doch so unterschiedliche Ziele und Bedürfnisse hätten und dadurch ein harmonisches, gelassenes Familienleben enorm erschwert wird. Die Bedürfnisse der Erwachsenen konkurrieren mit denen der Kinder. Sie leben letztlich in zwei verschiedenen Welten.

Ist das tatsächlich so? Bei gründlichem Hinsehen ist zu erkennen, dass sich die Bedürfnisse von Eltern und Kindern oft gar nicht so sehr unterscheiden, wie wir vermuten. Es lohnt sich, einen Blick darauf zu werfen.

Aus dem Alter des kindlichen Spielens sind Eltern auf jeden Fall längst heraus. Sie gehen ihrem Job nach, erledigen den Haushalt, treffen Freunde und treiben Sport. Meist sind sie gedanklich immer schon beim nächsten Termin. Sie besitzen ein anderes Zeitgefühl als Kinder. Sie leben so gut wie nie im Hier und Jetzt. Viele Erwachsene fühlen sich gefangen in einem Lebensstil, der immer weniger Raum zum Zusammenleben mit der Familie bietet. Die Welten der Kleinen und Großen werden immer mehr getrennt.

Arbeiteten Eltern früher selbstverständlich zu Hause am Hof oder in der Werkstatt, wissen die meisten Kinder heutzutage nicht einmal mehr, welche Tätigkeiten ihre Eltern im Beruf ausüben. Die Welt der Erwachsenen ist für Kinder schwer einsehbar. Es ist schwer zu erklären, was die Eltern den ganzen Tag lang machen.

Viele Eltern stehen unter Stress und nehmen diesen Zustand als normal hin. Sie spüren nicht rechtzeitig oder ignorieren, dass ihnen alles über den Kopf wächst. Sie wissen nicht mehr, wie es sich anfühlt, entspannt zu sein, und landen früher oder später in der Burnout-Falle. In unserer modernen Gesellschaft hat es noch nie so viele Burn-out-Erkrankte gegeben wie jetzt. Und dennoch erziehen gerade diese Menschen ihre Kinder konsequent danach, auch in diese schlimme Lage zu kommen.

Und was ist mit den Kindern? Sie wollen vor allem im Hier und Jetzt spielen, wenn man sie lässt. Sie wollen jetzt kuscheln oder etwas vorgelesen bekommen. Sie haben jetzt Hunger. Sie wollen jetzt nicht Zähne putzen. Erwachsene müssen allerdings alle Termine und Verpflichtungen des Tages unter einen Hut bringen. Fürs Kuscheln ist am Abend Zeit, fürs Vorlesen auch. Das Essen ist in einer Stunde fertig und Zähne geputzt wird jetzt, damit es beim nächsten Zahnarztbesuch keine Tränen gibt.

Das Paradoxe an der Sache ist, dass sich die meisten Erwachsenen gar nicht wohlfühlen, wenn der Tag so straff verplant ist. Sie sehnen sich angesichts ihres prall gefüllten Kalenders nach Auszeiten, Entspannung oder Aktivitäten, die sie erfüllen. Viele Eltern haben zu Recht das Gefühl, dass ihnen Zeit und Ruhe fehlen, ihre Kinder zu erleben. Vor lauter alltäglichen Pflichten scheint der Blick auf die wirklich wichtigen Dinge des Lebens verloren zu gehen. Die Eltern sehnen sich insgeheim danach, so wie ihre Kinder das Hier und Jetzt genießen zu können, im Augenblick zu leben.

Adventure Family

Die Leute, die niemals Zeit haben, tun am wenigsten.
Georg Christoph Lichtenberg

Das Leben ist ein Abenteuer

#Adventureclub #adventuretime #adventureisland #adventurekids #adventuremovie #adventuretrip #adventurepark #adventuregames

Jana versteht die Welt nicht mehr. Ihr Sohn Philipp ist gerade sieben geworden. Früher konnte er sich stundenlang alleine beschäftigen. Er spielte mit allem, was er im Garten fand und verzauberte Holzstücke in Autos, Steine in Muffins und Blätter in Hängematten. Aber jetzt ist alles anders. Die Ferien haben gerade begonnen. Philipp hat das erste Jahr der Grundschule gut gemeistert. Zugegeben war das Jahr nicht immer leicht für ihn. Die Hausaufgaben am Nachmittag überforderten ihn oft. Er schmiss immer wieder seine Stifte vor lauter Ärger in die Ecke. Zum Glück wurde er von den schulischen Anforderungen ein wenig abgelenkt, wenn er zwei Mal die Woche das Fußball-Training besuchte. Am Montag ging er dann die Musikschule und freitags zum Schachclub. Diese Förderungen in seiner Freizeit lenkten ihn nicht nur ab und beschäftigten ihn sinnvoll ... Jana ist alleinerziehende Mutter. Sie freut sich immer auf die Wochenenden, die Philipp bei seinem Vater verbringt. So hat sie Zeit für sich, die sie dringend benötigt. In letzter Zeit hatte Jana jedoch das Gefühl, dass Philipp nach den Papa-Wochenenden völlig überfordert nach Hause kam. Er war gereizt und wirkte angespannt. Philipps Papa hat ein neues Hobby entdeckt. Jedes Wochenende fährt er zum nahe gelegenen See, um dort zu surfen. Er nimmt Philipp dorthin mit, er will es ihm auch beibringen. Ja, er ist davon überzeugt, dass es Philipps Persönlichkeit sehr gut tut. Jana ist anderer Meinung. Und jetzt beginnen eben die Ferien, Papa ist nach Griechenland gefahren und Jana muss arbeiten. Philipp ist kaum auszuhalten. Er kann sich nicht alleine beschäftigen, so wie früher. Er scheint regelrecht in ein Loch gefallen zu sein. Jana weiß nicht weiter. Sie kauft ihm sein Lieblings-Nintendo-Spiel. So hat sie wenigstens für ein paar Stunden am Tag ihre Ruhe.

Sehen Sie manchmal auch vor lauter Bäumen den Wald nicht mehr? Werden Sie auch oft überrollt von dem enormen Angebot an Freizeitaktivitäten? Yoga für Mamis, Zumba für die Kids, Stand Up Paddling (Stehpaddeln) für Papis und Selbstverteidigungskurse für Babys? Das was wir heute im Alltag alles erleben können, wird ständig überboten. Weshalb diese Angebote tatsächlich genützt werden, hat verschiedene Gründe. Einerseits suchen viele Menschen einen Ausgleich zum Job oder Alltag, andererseits wollen sie nichts verpassen. Gleichzeitig steigen auch die Anforderungen im Job. Nicht anders sieht es in der Schule aus, der Druck steigt. Von einem gelassenen Familienalltag ist da keine Rede mehr. Die Situation kommt vor allem der Wirtschaft zugute ...

Der Wirtschaft zuliebe

Ja, die Wirtschaft profitiert von Eltern und Kindern, die unter Druck stehen. Sie lebt von verunsicherten und verängstigten Menschen. Es wird alles Mögliche am Markt angeboten, das von Eltern gekauft wird oder mit Kindern erlebt werden kann. Man geht damit Konflikten leichter aus dem Weg ... Es gibt eine Unmenge an Freizeitaktivitäten, Events und Partys Ende nie, Langeweile hat keine Chance mehr. Krisen zu durchleben und auszuhalten liegt nicht im Trend der Zeit. Kinder werden überhäuft mit Spielsachen und Geschenken. In vielen Kinderzimmern sieht es schon aus wie in einem Spielzeuggeschäft. Ein Mitbringsel hier, eine Kleinigkeit da. Erwachsene geben viel Geld dafür aus. Manche Eltern gehen sogar einer Nebentätigkeit nach, nur um die materiellen Wünsche ihrer Kinder erfüllen zu können.

? Wussten Sie, ...

... dass laut Statistischem Bundesamt Eltern bis zur Hälfte ihres monatlichen Haushaltsnettoeinkommens für die Kinder ausgeben? Je nach Höhe des Einkommens und der Kinderzahl ergeben sich Ausgabensummen von 255 bis 865 Euro pro Kind und Monat.[47]

Schnelle Ersatzbefriedigungen

Was verbirgt sich hinter dieser materiellen Verwöhnung und dem übertriebenen Ausschöpfen diverser Freizeitbeschäftigungen? Ein Grund: Eltern wollen verhindern, irgendwelchen »unguten Gefühlen« ausgesetzt zu sein. Sie wollen ihre Kinder nicht damit konfrontieren und selbst nicht damit konfrontiert werden. Eltern wollen Auseinandersetzungen vermeiden und stellen sich nicht die Frage, was sie selbst oder ihr Kind wirklich brauchen.

Schnelle Ersatzbefriedigungen sind und bleiben oberflächlich. Sie lenken ab von einer offenen, ehrlichen Hinwendung zu sich selbst sowie zum Kind und seinen Bedürfnissen.

Die Kinderverwöhnfalle

Es ist auf die Schnelle leichter, einem schreienden, tobenden Kind den Wunsch nach dem neuesten Spielzeug zu erfüllen, als sich Zeit zu nehmen und gemeinsam andere, kreative Möglichkeiten der Freizeitgestaltung zu finden. Oder zu hinterfragen, welche Leere das Kind mit dem ständigen Wunsch nach neuen Spielsachen füllen möchte.

Diese Momente kenne ich aus unserem Familienalltag nur zu gut. Vor allem unser jüngster Sohn weiß genau, wann er welche Knöpfe bei mir drücken muss, um so rasch wie möglich zu seinem heiß ersehnten Lego zu kommen. Dann hilft nur Folgendes: atmen, warten, nicht gleich antworten, achtsame Präsenz! Ich habe diese Zeilen ja nicht nur für Sie geschrieben, sondern auch für mich ...

Aber meist schaffen es gerade stark gestresste Eltern nicht, zusätzliche Konflikte mit ihren Kindern auszutragen. Sie neigen besonders dazu, vorschnelle Befriedigungen in Form von materiellen Gütern anzubieten.

Sonja, Kindergartenleiterin aus Wien, erzählt: »Die natürliche Konsequenz daraus ist, dass die Kinder sich immer weniger frei beschäftigen können, zum Beispiel im Garten. Sie wollen ständig animiert werden. So wie sie es eben gewohnt sind. Werden sie von uns nicht animiert, dann entsteht eine Leere. Und daraus entsteht wiederum Aggression. Dieses aggressive Verhalten taucht oft auf. Interessant ist auch die Beobachtung, dass es im Wald besser ist. Dort herrschen andere Gesetze. Es gibt kein »Spielzeug«. Die Kinder tauchen in diese kindliche »Zeitlosigkeit« ein. Wir halten es so, dass wir nur selten die Spielmaterialien austauschen. Man könnte jetzt sagen, das ist langweilig. Aber ich kann beobachten, das tut den Kindern gut. Sie können in die Tiefe gehen beim Spielen. Sie gehen mehr auf Beziehungen untereinander ein. Wir Erwachsenen müssen lernen, sie nicht ständig mit neuen Spielmaterialien beschäftigen zu wollen. Wir müssen lernen, auch manchmal die Leere zuzulassen.«

Medien – Abenteuer im Kastenformat

? Wussten Sie, ...

... dass eine Studie[48], die vor Kurzem in den USA veröffentlicht wurde, ergab, dass ein 18-Jähriger im Durchschnitt neben 13.000 Stunden in der Schule auch bereits 25.000 Stunden vor dem Fernseher verbracht hat? Er hat dabei in seinem jungen Leben ca. 32.000 Morde und 200.000 Gewalttaten gesehen.

Dauerberieselung

Ich sitze im Wartezimmer einer Arztpraxis. Sie nennt sich »Wohlfühlpraxis«. Das war auch der Grund, warum ich mich entschieden habe, diesen Arzt zu besuchen. Ich suche im Warteraum nach einem geeigneten Platz, um in Ruhe auf meinen Termin zu warten. Zwei Zimmer stehen dafür zur Verfügung, mit einladend warmen Farben und einem angenehmen Duft. So wie man sich eine Wohlfühlpraxis eben vorstellt. Jedoch werde ich nach einem ruhigen Plätzchen nicht wirklich fündig. In jedem der beiden Warteräume hängt ein riesiger Flachbildschirm. Dort läuft ein Programm, das mich erschaudern lässt und keineswegs zum Wohlfühlen einlädt. Mord und Totschlag. Leichen werden aufgeschnitten. Und das alles mit einer Nüchternheit, die mich erschreckt. Wohlfühlen fühlt sich für mich definitiv anders an.

Bildschirm als Babysitter

Viele Eltern nutzen den Bildschirm als Babysitter: einfach, günstig und jederzeit verfügbar. Letztens erzählte mir ein Vater, dass er einfach keine Ruhe habe, wenn er zu Hause bei seinem Sohn den Nachmittag verbringt. Seitdem der Kleine den Fernseher entdeckt hat, ist das Problem wie aus der Welt geschafft ...

Immer öfter sieht man Eltern im Restaurant mit einem Kind am Tisch sitzen, das allerdings nur körperlich anwesend ist. Seine ganze Aufmerksamkeit richtet sich auf das Tablet, das vor ihm auf dem Tisch liegt. Irreale Abenteuer, immer und jederzeit abrufbar. Die Eltern haben ihre Ruhe und können ohne Störung das Essen genießen. Das scheint auf den ersten Blick sehr praktisch zu sein ...

Es geht nicht darum, Tablet, Fernseher oder PC schlechtzumachen. (Ohne meinen geliebten Laptop wäre dieses Buch niemals entstanden!) Die virtuelle Welt eröffnet uns viele großartige Möglichkeiten und Chancen, die ich selbst gar nicht missen möchte. Aber wie schaffen wir es, diese digitalen Zeitfresser mit Maß und Ziel einzusetzen?

Wie schaffen wir es, unsere wertvolle Lebenszeit nicht von Facebook, Twitter und Co rauben zu lassen, ohne sie aus unserem Leben zu verbannen? Wie schaffen wir es, unsere Kinder vor der digitalen Verblödung und Vereinnahmung zu schützen, ohne ihnen den Zugang zu den modernen Medien zu verwehren? Es gibt wunderbare Filme, aber ist es nicht totaler Schwachsinn, viele Stunden am Tag vor dem Fernseher zu verbringen? Das »echte« Leben läuft dann regelrecht an einem vorbei. Wir sind gereizter, abwesender und alles andere als gelassen.

Medienzugänge verbieten oder löschen, das ist realitätsfremd und wohl wenig innovativ. Es geht vielmehr um einen sinnvollen und wertvollen Umgang damit – damit auch noch genug Zeit bleibt für zwischenmenschliche Beziehungen und ein gelassenes Familienleben mit Spiel, Spaß und Zeit!

Digitale Entgiftung

Ein übermäßiger, gesundheitsschädlicher Medienkonsum betrifft nicht nur Kinder, sondern auch Erwachsene. Kindern fehlt dann immer öfter die Präsenz des Erwachsenen, der währenddessen in der virtuellen Welt verloren geht. Gereizte Eltern, die alle fünf Minuten ihre Mails oder Facebook-Nachrichten checken. Der dänische Familientherapeut und Buchautor Jesper Juul berichtete einmal in einem seiner Vorträge über eine Studie in Dänemark, die mit 1600 Dreizehnjährigen durchgeführt wurde. Die Mehrheit dieser Jugendlichen erklärte, dass sie ihre Eltern vermissten und mehr ungestörte Zeit mit ihnen verbringen möchten.

Robert ist Kleinkindpädagoge. Als ich ihn nach seiner Ansicht frage, erzählt er:»Was meiner Meinung nach ganz viel Zeit wegnimmt, ist das Handy. Ich habe eine Mutter im Kindergarten, die spielt dauernd am Handy. Das Kind kann gar nicht zu ihr durchdringen. Es ist ja schon fast peinlich, aber in dem Fall muss ich nicht dem Kind das Handyspielen verbieten, sondern der Mutter. Und bis zu dem Zeitpunkt, als ich sie darauf aufmerksam gemacht habe, ist es ihr selbst nicht einmal aufgefallen. Für sie ist das ganz normal, den ganzen Tag am Handy zu hängen. Das ist wie eine Sucht. Da kommst du nicht mehr so leicht weg davon. Diese Mutter ist körperlich anwesend, aber das Kind kann sie nicht spüren. So richtig, meine ich, weißt du?«

Selbstverständlich sollte der sinnvolle Umgang mit elektronischen Medien von den Erwachsenen vorgelebt werden. Was hilft es, wenn wir den Kindern verbieten, am PC zu spielen, und gleichzeitig selbst immer mit dem Handy oder Laptop beschäftigt sind.

Ein Trend aus den USA, der auch bei uns Platz greift, zeigt die Brisanz und Aktualität des Themas. Er nennt sich»digitale Entgiftung« (Digital Detox). Das Motto lautet: Einfach abschalten! Immer mehr Erwachsene klagen über Stress, ausgelöst durch die ständige Erreichbarkeit per Smartphone und E-Mail. Die digitale Entgiftung kommt einem Entzug gleich. Man schafft bewusst Handy- und PC-freie Zeiten, man schiebt dem Technologie-Stress und der Reizüberflutung einen Riegel vor. Es gibt sogar eigene Digital-Detox-Camps, in denen Strategien gelehrt werden, wie man dem digitalen Dauerstress am besten entkommt. Und lernt, bewusst mit Smartphone & Co umzugehen. Weg vom Zwang und der Sucht, hin zur Ruhe und Gelassenheit.

♥ *Was Sie sofort umsetzen können:*

- Führen Sie in Ihrer Familie fixe handyfreie Zeiten ein. Am besten während der Essenszeiten, wie am Morgen, zu Mittag und abends. Diese Zeiten sollen genützt werden, um wieder mehr miteinander in Kontakt zu kommen: sich zu spüren, in die Augen zu sehen und zu reden.
- Zum Beispiel könnte auch der gesamte Morgen zur handyfreien Zeit erklärt werden.
- Vereinbaren Sie eine gemeinsame Zeit am Abend, ab der alle Handys ausgeschaltet sein sollen. Halten Sie sich selbst auch strikt daran, sonst ergibt diese Abmachung für die Kinder keinen Sinn.
- Informieren Sie Ihre Freunde, Familie und Kollegen darüber, dass Sie ab jetzt nicht immer und zu jeder Tageszeit erreichbar sein werden, und helfen Sie Ihren Kindern, dasselbe zu tun.

Der Neurobiologe Gerald Hüther rät, als Familie nach Möglichkeiten zu suchen, sich gemeinsam um etwas zu kümmern. Geben Sie den Kindern Zeit, auf Entdeckungsreise zu gehen und etwas zu gestalten. Dann werden PC-Spiele und soziale Plattformen im Internet ihre Anziehungskraft verlieren. Sich um etwas zu kümmern oder Teil einer realen (statt virtuellen) Gemeinschaft zu sein, bringt viele Vorteile. Es ist bekannt, dass Kinder, die etwa den Pfadfindern oder anderen Jugendgruppen angehören, selten ADHS haben. Oder Kinder, die auf dem Land leben und eine Aufgabe haben, weniger Aggressionen und Auffälligkeiten an den Tag legen.

Alles leichter gesagt als getan? Falls Ihre Kinder oder Sie dennoch ständig am PC oder Handy kleben, könnten Sie sich »überlisten« und spezielle Apps installieren, um die Geräte für einige Zeit automatisch abzuschalten. Sogenannte Anti-Sozial-Apps. Am besten gleich runterladen!

Krisen als Chance

Auf jedem Werbeplakat und in vielen Büchern wird uns vorgegaukelt, dass alles ganz »easy« sei und wir alle immer gut drauf zu sein haben. Wer das glaubt, ist selber schuld und entzieht sich und seiner Familie eine wertvolle Entwicklungschance. Denn das Leben in einer Familie ist und bleibt ein großes Abenteuer. Keinesfalls im Sinn von Zudröhnen mit Freizeitaktivitäten und Adventure-Angeboten, sondern indem man sich bewusst macht, dass sich ein Leben mit Kindern nur bedingt planen lässt.

Es gibt im Familienleben viele Überraschungen, wie plötzliche Kinderkrankheiten, die jeglichen Terminplan über den Haufen werfen, oder Nein-Phasen von Dreijährigen, die einen Einkauf zu einem Horrortrip werden lassen. Kinder entwickeln sich ständig und so rasch, dass es richtig anstrengend sein kann.

Es nimmt einen ungemeinen Druck aus der Familie, wenn sich Eltern darüber im Klaren sind, dass Krisen zu einem ganz normalen Familienalltag dazugehören. Werden sie bewusst und gelassen durchlebt, bergen sie enorme Chancen in sich.

Das Wort Krise kommt aus dem Altgriechischen (»krisis«) und bedeutet Meinung, Entscheidung, Zwiespalt, Trennung, Wahl oder Erprobung. Das chinesische Schriftzeichen für Krise ist dasselbe wie für Gefahr und Chance. Wir sollten das Wort Krise nicht nur auf seine negative Bedeutung beschränken. Vielmehr verbirgt sich dahinter auch meist eine neue Chance. Im Grunde erleben wir immer eine »Krise«, sobald wir uns auf etwas Neues einstellen müssen, das uns gleichzeitig ängstigt. Wird die Krise bewusst genützt und lassen wir allen Familienmitgliedern Zeit, sich zu ordnen und innerlich neu zu orientieren, kann sie ein Umkehrpunkt zur Besserung sein.

Krisen und Kinder

Vielen Eltern gefällt der Gedanke, dass ihre Kinder wie im Paradies aufwachsen sollen. Sie übersehen, dass Kinder Krisen brauchen, um sich zu gesunden, selbstständigen Erwachsenen zu entwickeln. Nehmen wir ihnen alles ab oder betten sie in Watte, fehlt ihnen ein wichtiger Entwicklungsschritt. *Eine Krise braucht jedoch ihre Zeit. Sie kann nicht vorweggenommen oder übersprungen werden. Sie muss wie alles im Leben reif werden.*[49] Eltern strampeln sich ab, um ihren Kindern alles abzunehmen. Das macht Stress und ist der sicherste Weg, sich von einem gelassenen Lebensstil zu entfernen. Kinder durchlaufen verschiedenste Krisen in ihrem Leben. Einschneidende Krisen wie die Geburt, die ersten »Nein-Phasen«, Krankheiten, kleine Krisen im Tagesablauf sowie die Pubertät oder die erste Begegnung mit dem Tod. So betrachtet steckt das menschliche Leben von klein auf voller Krisen.

Es würde den Rahmen dieses Buches sprengen, auf alle Krisen einzugehen, die ein Kind in seiner Entwicklung erleben kann. Es soll vielmehr darum gehen, Krisen als solche zu erkennen, sie als Chance zu nutzen und der Familie die Zeit zuzugestehen, sie gemeinsam zu meistern.

• Der eigene Wille

Den eigenen Willen zu entwickeln ist etwas Gutes, und letztlich möchte jeder ein Kind haben, das einen eigenen starken Willen besitzt. Um diesen formen zu können, müssen auch immer wieder Tränen fließen. Oft fühlen sich die Erfahrungen schmerzvoll an. Aber jede gesunde Entwicklung ist auch geprägt von Schwierigkeiten. Es hat keinen Sinn, solche Erfahrungen zu vermeiden. Vielmehr soll das Kind lernen, diese zu bewältigen und mit ihnen umzugehen. Dies ist ein Prozess, der ein ganzes Leben lang dauern wird.

Für die Eltern gehört eine Portion Mut dazu, Kinder in dieser schwierigen Phase zu begleiten. Begleiten im Sinn von »Ich bin für dich da. Ich verstehe dich. Ich vertraue darauf, dass du es schaffst.«

• *Kinderkrankheiten*

Nur wenige Eltern wissen heute um den Sinn von Kinderkrankheiten. Unsere Großeltern erkannten noch, dass Kinderkrankheiten wichtig sind, weil sie Reifungsschritte ermöglichen und das Immunsystem trainieren.

Früher hatten wir noch genug Vertrauen, Kindern solche Krisen zuzumuten. Heute wollen wir meist nichts mehr davon wissen, sondern alles wegzaubern, schreibt Ruediger Dahlke, einer der bekanntesten Ärzte und Psychotherapeuten Deutschlands.[50] Insofern sollten die Kinder am besten auch nicht mehr krank sein.

Obendrein nimmt eine Kinderkrankheit, wie z.B. Windpocken, richtig viel Zeit in Anspruch. Das Kind braucht Zeit, um wieder gesund zu werden. Eine Betreuungsperson muss natürlich immer anwesend sein. Und es dauert, bis das Kind wieder den Kindergarten oder die Schule besuchen darf. Haben Eltern diese Zeit in unserer heutigen Gesellschaft? Zeit, um bei ihrem Kind zu sitzen, ihm vorzulesen, es zu hegen und zu pflegen? Einfach da zu sein!

Laut der Studie »Eltern unter Druck« bringen Krankheiten der Kinder, Anrufe aus dem Kindergarten oder der Schule, etwa dass die Kinder abgeholt werden müssen, Eltern am Arbeitsplatz unter Rechtfertigungsdruck – und sie machen damit, egal wie sie sich entscheiden, einen Fehler als Elternteil oder als Arbeitnehmer. De facto führt Elternschaft am Arbeitsplatz zur Schwächung der zugeschriebenen Kompetenz, der übertragenen Verantwortlichkeiten und der Aufstiegschancen im Unternehmen. Die Gesellschaft erwartet, dass Eltern viel Zeit mit ihren Kindern verbringen, doch die Arbeitswelt vollzieht einen Totalzugriff auf die Eltern.[51]

In anderen Lebensbereichen wissen wir anscheinend um die Sinnhaftigkeit von Kinderkrankheiten und benutzen sogar denselben

Ausdruck. Gerade entwickelte Autos oder neue Computergenerationen dürfen »Kinderkrankheiten« haben. *Einmal durch das Stadium hindurch, sind sie ausgereifter und verlässlicher.*[52]

• *Pubertät*
Mit der Pubertät (Geschlechtsreife) geht die Kindheit offiziell zu Ende. Das Kind wird zum Mann oder zur Frau. In alten Kulturen war dieser Übergang ein bedeutender Einschnitt im Leben, der nicht übersehen werden konnte. Heutzutage beachten manche Eltern diese so wichtige »Krise« ihres Kindes nicht und hoffen auf möglichst wenig »Ärger« mit dem Jugendlichen.

Krisen bei Erwachsenen
Auch wir Erwachsenen sind nicht gefeit vor nachhaltigen Veränderungen im Leben. Die Geburt eines Kindes, die Wechseljahre oder das Altwerden. Natürliche Phänomene, die zunehmend als Bedrohung wahrgenommen werden. Früher einmal wurde der Beginn einer neuen Lebensphase mit Ritualen gefeiert und bewusst gestaltet. In der heutigen Zeit sind uns die wichtigen Bedeutungen von Lebenskrisen kaum mehr bewusst. Unsere Gesellschaft verdrängt sie zunehmend. Dies hat Folgen: Überforderung, Burn-out, Midlife-Crisis und unterschiedliche Krankheiten wollen uns darauf hinweisen, diese Krisen wieder bewusster zu erleben und sie als Chance zu nützen.

♥ *Was Sie sofort umsetzen können:*

Auch wenn es nicht immer leichtfällt, egal in welcher »Krise« sich Ihr Kind, Ihre Familie oder Sie selbst sich gerade befinden: Es geht wie so oft um das Annehmen von dem, was gerade ist. Wenn Sie vom Nutzen einer Krise wissen und deren Wert verstehen, wird sich Ihr ganzes Familienleben zunehmend entspannen. Egal ob kleine

Krisen im Tagesablauf oder größere Krisen, die auch länger dauern können. Vergessen Sie nicht, dass diese zum Entwicklungsprozess einer Familie dazugehören!

Slow Family

Eine Freundin meiner Tochter saß immer mit dem Bikini unter dem Gewand im Klavierunterricht. Nicht etwa, weil sie keine Unterwäsche besaß, sondern weil sich das Umziehen zwischen der Klavierstunde und dem Schwimmtraining zeitlich nicht ausging. Haben Sie sich schon einmal mit etwas wirklich Kompliziertem auseinandergesetzt? Ganz bestimmt. Sie können sich auch sicherlich daran erinnern, dass Sie dafür Zeit benötigten. Vielleicht sogar richtig viel Zeit. Unter Zeitdruck lassen sich schwierige Aufgaben aber nur halbherzig bewältigen.

Bestimmte Dinge können nicht unter Druck erledigt werden, schon gar nicht unter Zeitdruck. Versuchen Sie es doch einmal mit »schnell mal entspannen«. Eine eigenartige Vorstellung. Ebenso kann man jemanden nicht schnell streicheln, oder? Zuwendung und Zärtlichkeit brauchen Zeit und Ruhe. Gerald Hüther meint dazu, dass sich nichts, was schwierig ist, unter Termindruck oder in Hektik zuwege bringen lasse. Der Aufbau einer Freundschaft nicht, das Erlernen eines Musikinstruments nicht, die Gründung eines Unternehmens nicht und schon gar nicht ein bereicherndes Zusammenleben in der Familie.

Wir haben schon vor vielen Jahren beschlossen, eine »Slow Family«, eine entspannte, entschleunigte Familie, zu werden. Das ist in unserer Gesellschaft nicht immer einfach. Wir müssen uns stets daran erinnern und uns neu orientieren, öfter »Nein sagen«, als anderen lieb ist, und gegenseitig regelmäßig unsere »Slow-Motion-Knöpfe« drücken.

Slow Motion

Im Duden wird der Begriff »Slow Motion« als Zeitlupe oder ein in Zeitlupe abgespielter Film[ausschnitt] beschrieben. Auch die Wörter »Zeitdehner« oder »Zeitlupentempo« findet man im Internet. Mit Slow-Motion-Videoeffekten kann die Geschwindigkeit eines Videos verändert werden. Auf unser Leben umgemünzt könnten wir Slow Motion auch einfach »Entschleunigung« nennen.

Entschleunigung

Mark Riklin, Schweizer Landesvertreter des Vereins zur Verzögerung der Zeit, meint, man könne Chronos, also die getaktete Zeit, nicht verzögern – doch die eigene, innere Zeit könne verzögert werden: indem man immer wieder seine Muster bricht, aussteigt und sich auch im Alltag Pausen gönnt, vielleicht weniger tut, dieses dafür intensiver und langsamer.[53]

Ziel und Bedeutung der Entschleunigung

Die Stiftung für Zukunftsfragen[54] meint dazu: Bei der Entschleunigung geht es nicht um Langsamkeit als Selbstzweck, sondern um angemessene Geschwindigkeiten und Veränderungen in einem umfassenden Sinn:

- im Umgang mit sich selbst,
- mit den Mitmenschen und
- mit der umgebenden Natur.

Langsamkeit allein kann die Lösung nicht sein – dann würde das Leben eintönig werden. Das Ziel sollte sein, die Kontrolle über die eigene Zeit zurückzugewinnen. Das Lebenstempo und die Inhalte wieder besser steuern zu können. Haben Sie das Gefühl, Kontrolle über Ihre Zeit zu haben?

Familien entschleunigen

Ich erlebe immer wieder, dass unsere schnelllebige Welt wenig Beständigkeit und Zeit zum Durchatmen bietet. Zeit wird zum kostbaren Gut. Steigende Anforderungen im Beruf und andere Aufgaben prägen den Tagesablauf. Viele meiner Klienten haben das Gefühl, dass die Zeit für die wichtigen Dinge des Lebens zu kurz komme. Dass sie ihr Leben zunehmend unbewusst führen und ständig jenen Aufgaben nachrennen, die sie noch zu erledigen haben. In der Konsequenz möchten sie entschleunigen und wünschen sich mehr Zeit für sich, ihre Familie und Freunde.

Inmitten der Rastlosigkeit unserer Konsumgesellschaft wird der Ruf nach Entschleunigung immer lauter. Der Ruf nach einem selbstbestimmten und wachen Leben.

Dabei darf es ruhig auch schnell gehen. Auf das »Wie« kommt es an. Penny Ritscher empfiehlt, sich auch für die schnellen Momente im Leben Zeit zu nehmen. Aber nicht mit dem Ziel, Erster bei einem Wettlauf zu sein. Sondern mit dem einzigen Ziel, die Schnelligkeit zu genießen. »Der Weg sei unser Ziel – auch beim Rennen und Galoppieren.«[55]

Vor einigen Jahrzehnten

Wie rasant sich das Leben in den letzten Jahrzehnten verändert hat, ist für uns kaum vorstellbar. Es macht sicher keinen Sinn, sich ständig etwas zurückzuwünschen oder es »so wie früher« machen zu wollen. Leben ist Veränderung! Unsere Gesellschaft bietet ungeahnte Möglichkeiten für ein selbstbestimmtes Leben im Vergleich zu den Generationen vor uns. Aber sich manchmal ein »Stückchen von früher« abzuschneiden, würde einigen von uns wohl richtig guttun. Und wenn es nur für eine halbe Stunde am Tag ist.

Heidemarie, 63 Jahre, erinnert sich an ihre Kindheit: »Alle Frauen sind bei uns als Kindern im Dorf einfach gesessen. Die sind vor dem Haus gesessen und haben geredet. Die hatten noch so richtig viel Zeit. Einmal in der Woche war vielleicht Waschtag, sonst haben sie jeden Tag um 9 Uhr angefangen zu kochen, damit wir um 13 Uhr essen konnten. Es gab bei jedem Haus eine Hausbank und da sind sie gesessen. Und wir haben derweilen gespielt.«

*Wenn ein See vom Sturm aufgepeitscht wird, kannst du
nicht in die Tiefe schauen und erkennen, was dort lebt. Erst wenn die
Wogen sich glätten, erschließt sich dir ein Geheimnis.
Du erkennst die verborgene Quelle, aus der dieser See lebt.
Wenn Hektik und Betriebsamkeit uns an der Oberfläche festhalten,
gewahren wir nicht, was unser Leben wesentlich macht
und es von innen her nährt.
Die Stille ist der Weg zur Quelle.*

Japanische Weisheit

Wie Kinder die ganze Familie entschleunigen

Eltern vollziehen für ihr Kind Veränderungen im Leben, die sie für sich selbst niemals gemacht hätten. Sie lieben ihr Kind und wollen, dass es ihm gut geht. Sie sind bereit, ihr Leben im positiven Sinn zu verändern, ihrem Kind zuliebe. Gleichzeitig verändert sich auch im positiven Sinne etwas im eigenen Leben. Oft ist es nur ein Schritt in eine andere Richtung. So wie sich Manuela auf Alinas Langsamkeit einlässt, ist es natürlich nicht immer und überall möglich und auch nicht notwendig. Aber ab und zu oder immer öfter bringt es angenehme Ruhe in den Familienalltag.

Manuela, Mutter von Juliane (12) und Alina (9), erzählt: »Uns haben die Kinder unglaublich eingebremst. Vor allem unsere jüngere Tochter Alina. Bei uns gab es früher Situationen, in denen Alina einfach verloren ging. Wir mussten uns Zeit nehmen, um sie zu suchen. Ich musste dann schon manchmal lachen, weil Alina diese Gabe hatte, uns immer wieder einzubremsen. Sie saß irgendwo und schaute in die Luft. Sie zwang uns damit auf ihre Art zu entschleunigen. Ich kann mich an Situationen erinnern, in denen Alina kurz vor dem Wegfahren einfach im Garten saß und Käfer beobachtete.

Sie war mit nichts dazu zu bewegen, aufzustehen und mitzukommen. Da wusste ich dann schon nach einigen solchen Erlebnissen, okay, unser Termin geht sich jetzt so und so nicht mehr aus. Das hat uns alle irgendwie total entspannt.«

Entschleunigen zum Nulltarif

Mittlerweile ist das Thema Entschleunigen zu einem eigenen Wirtschaftszweig geworden. Vom Meditationskurs bis zu Massageangeboten, vom Wellnesshotel in exotischen Ländern bis zu luxuriösen Urlaubsquartieren mit Erholungsgarantie. Alles inklusive, auch Kinderbetreuung. Und garantiert stressfrei!

Doch Entschleunigung kann auch kostenlos sein. Ja, tatsächlich richtig kostenlos! Wenn sich einige Kinder in der Sandkiste »verlieren« und erst Stunden später wieder daraus auftauchen. Wenn ein Stein nach dem anderen in den See geworfen wird und das Wasser so schöne Kreise zieht, dass sich der Blick darin verliert. Wenn Papa mit den Kindern und vielen Tüchern eine Höhle baut und sie anschließend in ihrem Versteck zur Ruhe kommen und etwas lesen.

Mit Selbstregulation zu einem gelassenen Familienalltag

Ohne Selbstregulation keine Gelassenheit

»Das schaffe ich noch! Ich strenge mich einfach mehr an, dann geht es schon! Ich reiß mich ab sofort zusammen! Ab jetzt reagiere ich ruhig und gelassen, wenn meine Kinder toben ...«

Kommen Ihnen solche oder ähnliche Selbstgespräche bekannt vor? Gehören Sie auch zu denjenigen, die insgesamt weniger Stress haben möchten? Nehmen Sie sich auch regelmäßig vor, weniger Schokolade zu essen, mehr Sport zu treiben oder weniger Geld auszugeben? Sie meinen, Sie müssen sich noch etwas mehr anstrengen, dann bekommen Sie das schon hin? Wenn Sie erst Ihre Emotionen unter Kontrolle haben, dann wird das schon klappen? Leider funktioniert das in der Realität nicht so einfach. Das Gegenteil ist oft der Fall: Je mehr Sie sich anstrengen, desto weiter rückt Ihr Ziel in die Ferne … Wenn Sie nachhaltig Ihr Verhalten ändern möchten, funktioniert dies nicht nur auf der Ebene der Selbstkontrolle! Damit möchte ich nicht sagen, dass Selbstkontrolle nicht wichtig sei. Noch viel wichtiger ist es aber, wie gut Sie sich selbst regulieren können. Viele erfolgreiche Menschen verfügen über eine grandiose Selbstkontrolle. Bei genauerem Hinsehen besitzen sie auch eine beeindruckende Fähigkeit zur Selbstregulation. Nehmen Sie sich Zeit, sich und Ihren Kindern vermehrt Möglichkeiten zur Selbstregulation anzubieten. Mehr dazu erfahren Sie auf den nächsten Seiten.

Was ist Selbstregulation?

Der Begriff *Selbstregulation bezieht sich darauf, wie Ihr autonomes Nervensystem auf Stress reagiert und anschließend ausgleichende Prozesse in Gang setzt, die Erholung und Wachstum fördern.*[56] Es geht um die innere Balance. Je höher Ihre Stressbelastung ist, desto weniger können Sie auf Ihre Selbstkontrolle zurückgreifen und desto stärker reagieren Sie aus dem Affekt heraus. Desto eher brüllen Sie herum, obwohl Sie eigentlich ruhig reagieren möchten. Desto eher werden Sie gereizt, obwohl Sie gelassen bleiben möchten. Desto eher liegen Sie nachts wach und machen sich Sorgen oder fühlen sich allgemein angespannt.

Den Stresszyklus durchbrechen

Gute Möglichkeiten, diesen Stress relativ rasch zu durchbrechen, sind eine tiefe Bauchatmung und Achtsamkeitsübungen. Sie beruhigen nachweislich das Gehirn. Das Hören des eigenen Atems und die Visualisierung eines Menschen oder Gegenstands übt ebenso eine beruhigende Wirkung auf uns aus. Sie können auch gern etwas zeichnen oder entspannende Musik hören. *»Bei der Selbstregulierung geht es nicht darum, sich durch diese Methode abzulenken oder beunruhigende Dinge zu unterdrücken, sondern* *darum, den Stresszyklus zu unterbrechen«*[57], erklärt der Psychologe Stuart Shanker.

Das Problem bei der Sache ist, dass wir Menschen relativ schlecht spüren, wenn wir uns in einem Zustand niedriger Energie oder unter starker Anspannung befinden. Shanker ist überzeugt, dass der Grund dafür in der Evolutionsgeschichte zu finden sei. In Gefahrensituationen war es für das Überleben vorteilhaft, seine Aufmerksamkeit auf die Bedrohung und nicht auf den eigenen Erregungszustand zu richten. In unserem hektischen Alltag sind Stressfaktoren allgegenwärtig. Wir sind ständig übererregt oder überreizt, ohne es bewusst wahrzunehmen.

Somit besteht der erste Schritt darin, zu erkennen, ob Sie unter Stress stehen. Um im nächsten Schritt auszuprobieren, wie Sie die Anspannungen lösen können.

Werfen wir einen Blick auf einen ganz normalen Arbeitstag von Viktoria. Sie ist Mutter von Susanne (8) und Ben (5). Viktorias Wecker klingelt um 5.30 Uhr in der Früh. Sie wird lieblos in einen Zustand der Übererregung versetzt, da sie schon die vorigen Nächte schlecht geschlafen hat. Der letzte Streit mit ihrem Mann will ihr einfach nicht aus dem Kopf gehen. Müde quält sie sich aus dem Bett und macht das Frühstück für die Kinder. Sie muss Susanne und Ben aus dem Bett zerren und sie beim Anziehen ständig antreiben, damit sie pünktlich das Haus verlassen können. Sie schimpft mit den Kindern, obwohl sie eigentlich ruhig bleiben möchte.

Endlich außer Haus, bringt sie zuerst die Kinder in den Kindergarten und zur Schule. Der Verkehrsstau treibt Viktoria auf die Palme. Im Kindergarten angekommen, beginnt Ben zu weinen. Er will nicht dortbleiben. Nach langem Hin und Her verabschiedet sich Viktoria, selbst den Tränen nahe. In der Schule erfährt sie, dass gerade eine Magen-Darm-Grippe die Runde macht. Auch das noch. Das würde ihnen jetzt gerade fehlen. Ihre Stressbelastung ist bereits hoch, als sie an ihrem Arbeitsplatz ankommt. Eine Tasse Kaffee und eine Tafel Schokolade beruhigen sie vorerst. Auch wenn Viktoria gleich danach mit einem schlechten Gewissen kämpft. Aber egal.

In letzter Zeit schaffen ihr zunehmend Kreuzschmerzen Probleme. Auch die Schmerzmittel scheinen nicht so recht zu helfen. Das lange Sitzen im Büro und die wenige Bewegung setzen ihr zu. Was geschieht hier bei genauer Betrachtung? Viktoria unterdrückt schon in den Morgenstunden viele ihrer Impulse. Sie ignoriert ihre Stressbelastung. Der Preis ist hoch, und zwar im Hinblick auf ihre Energiereserven. Viktoria reagiert mit heftigen Gefühlsausbrüchen, einem Anfall von Selbstbelohnung und üblen Kreuzschmerzen. Wie kommt Viktoria da wieder heraus? Wie kann sie diesen Stresszyklus durchbrechen? Es ist, als ob sie ständig mit leerem Tank fahren würde ...

Zuallererst muss sie die Verbindung zwischen Gefühl und Körper begreifen. So wie Autos mit einem Armaturenbrett ausgestattet sind und uns anzeigen, dass der Benzintank bald leer ist, muss Viktoria ihr eigenes Warnsystem erkennen. Ihr wird der leere Tank durch ständige Gereiztheit, negative Verhaltensweisen und körperliche Beschwerden symbolisiert. Sie verdeutlichen ihr, dass sie unter hohem Stress steht.

Als nächstes sollte sie so oft wie möglich ihren Tank auffüllen – mit Dingen, die ihr guttun, und herausfinden, was ihr hilft, sich zu beruhigen. Sie muss Strategien entwickeln, die ihren Stress reduzieren und die Energiereserven anreichern. Sie muss sich selbst vermehrt Möglichkeiten zur Selbstregulation einrichten.

In Viktorias Fall bedeutet dies, sich zu Mittag eine Erholungspause zu gönnen. Ihre Kinder wissen Bescheid. Mama darf eine halbe Stunde nicht gestört werden. Dann ist sie nachmittags entspannter als früher. Außerdem kommt einmal in der Woche Viktorias Mutter vorbei und hilft im Haushalt. Während Oma bügelt, geht Viktoria in den Wald. Seit sie sich regelmäßig bewegt und die Natur genießt, sind ihre Kreuzschmerzen besser geworden. Viktorias Mann übernimmt zweimal die Woche in der Früh die Fahrten in den Kindergarten und zur Schule.

Viktoria dachte früher immer, sie müsse alles alleine schaffen. Jetzt gesteht sie sich endlich zu, dass sie auch abgeben darf und sich mehr Zeiten einräumen muss, um ihren leeren Tank wieder aufzufüllen.

Wo, wann und wie tanken Sie auf?

Wie Menschen ihre Energiereserven auffüllen und ihren Stress reduzieren, sieht bei jedem anders aus. Dafür gibt es kein Patentrezept. Eine wunderbare Möglichkeit ist es, sich seiner Ressourcen bewusst zu werden. Überlegen Sie sich, was Sie stärkt und nährt, was Ihnen guttut. Am besten ist es, sich diese Dinge aufzuschreiben und gut sichtbar zu Hause oder am Arbeitsplatz aufzuhängen. Werfen Sie immer wieder einen Blick darauf und setzen Sie die Dinge auch um.

Finden Sie etwas, das sich leicht umsetzen und in Ihren Tagesablauf integrieren lässt. Das kann alles Mögliche sein. Nur Sie selbst wissen, was passt und Sie stärkt. Es sollte Ihnen auf jeden Fall keinen zusätzlichen Stress bereiten. Ansonsten lassen Sie es lieber bleiben. Wenn der Energietank regelmäßig gefüllt wird, können wir mit den Anforderungen des täglichen Lebens leichter umgehen und den Stress enorm reduzieren. Also auffüllen, auffüllen, auffüllen!

Facebook-Umfrage

Wie Erwachsene auftanken ... [58]

#Doris: Ich gehe raus in den Wald oder auf die Berge. Am besten dorthin, wo grad niemand ist.

#Kati: Bei mir ist es ein Hörbuch hören und dabei stricken, ich habe das vor einigen Jahren angefangen, damit ich nicht immer durcharbeite, und es funktioniert sehr gut, habe mich sozusagen selbst ausgetrickst. Oh, und noch was: Meine wöchentliche Gesangsstunde! Da komme ich immer sauerstoffüberflutet und voller Glückshormone wieder heraus.

#Katharina: Ich tanke bei der Arbeit mit den Kindern und den Pferden auf: Die Natur und die Schritte der Pferde, die mich auf den Boden zurückbringen, und das Lachen der Kinder, das mir wieder Leben einhaucht.

#Michael: In der Garage werken, Bogenschießen und laufen ...

#Petra: Meine innere Tankuhr hat sich gestern beim Frisör aufgeladen. Haare waschen mit Kopfmassage. Das war ein eindeutiger Füller.

#Martina: Walken, in der Hängematte baumeln, tratschen, Treffen mit der besten Freundin, nähen, ...

#Peter: Volleyballspielen und Gartenarbeit ohne Ende.

#Birgit: Im Strandkorb sitzen und eine Tasse Tee trinken, oben auf dem Deich stehen und den Leuchtturm betrachten (mache ich leider nur zwei Mal im Jahr), ein gutes Buch, wenn meine Tochter die Klangschalen anschlägt und ich den Klängen lausche und die Schwingungen spüre, malen, backen mit meiner Tochter, selbst beim Staubsaugersport tanke ich manchmal auf ...

Ansteckende Gelassenheit

Wie kann diese Gelassenheit nun aber ansteckend wirken? Macht es tatsächlich einen Unterschied im Familienleben, wenn die Eltern gelassen sind? Und warum wirkt es sich positiv auf die Kinder aus, wenn Eltern entspannt die Anforderungen des Alltags meistern? Können wir uns tatsächlich mit einer Portion Gelassenheit anstecken?

Gehirnbrücke

Stuart Shanker beschreibt in seinem Buch »Das überreizte Kind« sehr eindrücklich, wie die Erregungsregulierung bei Babys durch die Bezugsperson beeinflusst und unterstützt werden kann. Es besteht eine »unsichtbare Verbindung« zwischen Bezugsperson und Baby. Man kann sich diese wie eine Art Bluetooth- oder Funkverbindung vorstellen, über die das Gehirn der Bezugsperson mit dem

Gehirn des Babys in Verbindung tritt. Shanker nennt diese Art des Kommunikationskanals »Gehirnbrücke«. Sie wird durch Berührung, Blickkontakt, die Stimme und vor allem durch gemeinsame Emotionen geschaffen. Der Erwachsene hat somit großen Einfluss auf die Selbstregulationsfähigkeit des Babys. Es handelt sich um eine direkte Hirn-zu-Hirn-Schaltung. Das höher entwickelte Elterngehirn tritt in Verbindung mit dem Säuglingsgehirn. Die meisten Babys lassen sich durch sanfte Berührungen, ein freundliches Lächeln und den emotionalen Rhythmus der Stimme beruhigen. Dabei dürfen wir nicht vergessen, dass manche Babys aufgrund ihrer Biologie sehr viel empfänglicher für Übererregung sind und sich sehr viel schwerer beruhigen lassen. Dennoch hilft dem Kind der innige Austausch mit der Bezugsperson, seine eigene Grunderregung zu regulieren.[9]

Je gelassener und entspannter die Bezugsperson, desto eher kommt das Kind in die eigene Entspannung. Diese Art Gehirnbrücke spielt bei der Selbstregulierung von Babys eine entscheidende Rolle. Aber auch später, wenn die Kleinkinder heranwachsen, besteht eine unsichtbare Verbindung zwischen Eltern und Kind. Diese bleibt bis ins Teenageralter und darüber hinaus bestehen.

Energietankuhr bei Kindern

Auch Kinder müssen ihre Energietankuhr regelmäßig auffüllen. Während kleine Kinder sich vorwiegend an ihrer Bezugsperson orientieren, wird es beim heranwachsenden Kind immer wichtiger, Möglichkeiten zur Selbstregulation zu bekommen. Und dies funktioniert, wie beim Erwachsenen, über das Befüllen der Energietankuhr. Vor allem wenn Kinder viel Stress ausgesetzt sind, können sie sich kaum selbst regulieren. Sie kommen dann entweder schwer »in die Gänge« oder reagieren ständig aus der »Kampf-Flucht-Haltung« heraus. Somit werden Kinder auch schon durch Kleinigkeiten in Alarmbereitschaft versetzt.

Beobachten Sie Ihr Kind. Was tut ihm gut? Wo fühlt es sich wohl? Vor allem wenn die täglichen Anforderungen auf das Kind einströmen, wie z. B. sehr frühes Aufstehen oder schulischer Stress, braucht es mehr von dem, was ihm guttut, woran es sich wieder auflädt.

Facebook-Umfrage

Wie Kinder auftanken ...[60]

#Birgit: Alex, 14 Jahre, dunkelt sein Zimmer ab und hört ein Hörbuch, momentan nimmt er gleich nach der Schule ein Entspannungsbad. Max, 13 Jahre, spielt Schlagzeug, singt seine Arie und spielt manchmal Fifa oder draußen Fußball. Fiona, 8,5 Jahre, liest im Strandkorb ein Buch oder genießt Kuscheleinheiten. Sie liebt es, mit mir Tee zu trinken, zu spielen oder zu backen ...

#Kati: Hörspiele hören, Musik machen, aber nichts üben, sondern freies Spiel auf Klavier oder Schlagzeug ...

#Claudia: Unsere Kinder lieben es, sich Höhlen zu bauen, sich darin zu verkriechen, dabei das Licht etwas abzudunkeln, Effektleuchten anzumachen und angenehme Musik zu hören, sich im Garten in die Hängematte zu legen und Höhlen in Sträuchern zu bauen mit Ästen, Blättern ... Spaziergänge, wo sie etwas entdecken können, sammeln können ...

#Dani: 1. Kuscheln mit Mama, 2. Kuscheln mit allen Haustieren, 3. Massagen mit Mamas Ölen, 4. Spielen mit Mamas Instrumenten, 5. Leider: Musik-Videos posten und in WhatsApp abhängen. Aber 1. mögen sie alle am liebsten ;-)

#Nicole: Noah entspannt eindeutig beim Kuscheln mit seinem Kater (oft sehr berührend), Tobias lasse ich ein Bad ein. Alle lieben es, Fantasiespiele zu spielen und Lager aus Decken zu bauen.

#Martina: Hörspiele spielen, Fußball, Verstecken spielen, Vollbad, auf der Couch liegen und einfach nur schauen ;-), Spiele ohne Ende, mit Freunden draußen unterwegs sein, auswärts schlafen ;-). Und meine Jüngste: Gestillt werden – absolutes Energieauftanken auch noch mit 3,5 Jahren ...

#Nicole: Am besten entspannt sich mein Sohn in seinem Zimmer am Boden liegend mit 20 Autos! Oder auf dem Sofa und Mama muss Rücken kraulen, damit er Gänsehaut bekommt. Hörspiele liebt er auch, vor allem zum Einschlafen, wenn ich die 10. Geschichte auf den CD-Player abschiebe!

Selbstregulation in einer Slow Family

Wenn Ihre Energietankuhren und jene Ihrer Kinder regelmäßig gefüllt werden, steht einer ansteckenden Gelassenheit nichts mehr im Weg! Finden Sie gemeinsam mit Ihren Kindern Möglichkeiten, abzuschalten und zu regenerieren. Was macht Ihnen und dem Nachwuchs gleichzeitig Spaß und Freude? Die Energietankuhren sollten so oft wie möglich gemeinsam gefüllt werden, etwa mit einem Waldspaziergang, einem faulen Sonntag, einem Spielenachmittag oder auch einem guten Essen.

Spannung und Entspannung

Ich kenne die Zeit großer Anspannung selbst sehr gut. Wenn ich mich auf einen Vortrag vor großem Publikum vorbereite oder mich beim Schreiben eines neuen Buches in der Endphase befinde, kann ich die Anspannung regelrecht im ganzen Körper spüren. Es sind anstrengende Zeiten, die mich gleichzeitig ungemein beflügeln. Wenn dann die Zuhörer zufrieden den Saal verlassen oder das neue Buch endlich in Druck geht, lässt die Spannung nach. Es ist ein Moment, der sich einfach nur wundervoll anfühlt. Ich liebe diese Zeiten in meinem Leben. Geschafft. Vollendet. Und jetzt ... nicht weitermachen, sondern sich auf den Lorbeeren ausruhen. Entspannen. Ernten. Das ist enorm wichtig.

Positiver Stress

Bisher war vorwiegend von negativem Stress die Rede. Er wird auch als Disstress bezeichnet. »Dis« steht für die lateinische Vorsilbe »schlecht«. Disstress wird vor allem durch den von außen kommenden, aber auch selbst auferlegten Leistungs- und Zeitdruck verursacht. Diese Art von Stress wird von den betroffenen Personen immer als Belastung wahrgenommen.

Es gibt aber auch den Eustress, den guten Stress (die lateinische Vorsilbe »eu« bedeutet »gut«). Diese Art von Stress beflügelt uns. Es ist nicht von Vorteil, jede Art von »Stress« zu meiden. Sie wollen doch nicht zu einem Couch-Potato werden, der den ganzen Tag nur vor sich hindöst oder sich vor jeder Herausforderung drückt. Wie langweilig!

Was können Sie selbst sich unter gutem Stress vorstellen? Es sind Aufgaben, die Sie mit Begeisterung und Freude erledigen. Auch wenn diese innerhalb einer gewissen Zeit erledigt werden sollen, empfinden Sie diesen Zeitdruck nicht so sehr als Stress. Im Gegenteil, dieser Eustress kann eine positiv wirkende Kraft in Ihrem Leben sein. Er ist aufregend und macht zufrieden.

Es ist diese Art von Stress, von der Sie mehr wollen. Der gute Stress steigert auf gesunde Weise unsere Motivation, Aufmerksamkeit und Leistungsfähigkeit. Sie werden mit Glückshormonen und gestärktem Selbstvertrauen beschenkt. In meinem Fall ist es meine Arbeit, die mich regelrecht diesen Eustress in meinem Körper spüren lässt. Ich liebe meine Arbeit, ohne sie wäre mein Leben nicht so aufregend und befriedigend. Ich habe mein Hobby zum Beruf gemacht. Nichtsdestotrotz brauche ich regelmäßig Zeit für Erholung und Entspannung, um die packenden Zeiten auch genießen zu können.

Ich kannte Zeiten in meinem Leben, in der diese Entspannungsphasen zu kurz kamen. Die Kinder waren noch sehr klein, unser

Institut gerade im Aufbau. Sobald die Kinder im Bett waren, saß ich bis tief in die Nacht am PC und baute unsere erste Homepage. Ich entwickelte die ersten Konzepte unserer Ausbildungen und beantwortete eine E-Mail nach der anderen. Zum Glück stillte ich während dieser Zeit noch. Ich war voll mit dem Hormon Prolaktin und konnte gut bis in die Nacht hinein arbeiten. So wie ich es während dieser Phase machte, geht es aber nur eine Zeit lang gut. Dann braucht es auf jeden Fall entsprechende Erholung.

Freie Zeit
Je mehr verpflichtende Aktivitäten unter der Woche anstehen, umso wichtiger wird das freie »Wochenende«. Es sollte wirklich das Ende der Woche sein, an dem Zeit für das ist, was sonst zu kurz kommt. Dasselbe gilt für die Ferien oder Urlaube. Freie Zeit. Zeit zur Erholung. Damit das Gleichgewicht zwischen Spannung und Entspannung wiederhergestellt ist. Natürlich erholt sich jeder von uns anders, sei es beim Sport, Spielen, Ausschlafen oder Treffen mit Freunden. Es soll immer Zeit für das sein, was wirklich Spaß macht, was Sie und Ihre Familie stärkt.

Ein Wunschdenken? Bei vielen von uns sieht es im Tages-, Wochen- und Jahresablauf eben ganz anders aus. Reizüberflutung, zu wenig Pausen und Erholung, zu viel negativer Stress. All das bringt uns aus dem Rhythmus. Die Folgen sind oft Schlafstörungen, körperliche Beschwerden, Krankheiten oder auch Unfälle. Zahlreiche wissenschaftliche Untersuchungen haben es bisher belegt: Wenn wir rundum gesund bleiben wollen, sollten wir in unserem Tagesablauf für ein Gleichgewicht zwischen den beiden Polen Anspannung und Entspannung sorgen.

Das muss allen, vom Kind bis zum Erwachsenen, nicht nur ermöglicht, sondern auch vorgelebt werden. Kommen wir deshalb wieder einmal auf Sie zurück. Wie leben Sie Ihren persönlichen Rhythmus zwischen Spannung und Entspannung?

! Übung

Schließen Sie für einen Moment die Augen:

- Gehen Sie in Gedanken Ihren Tagesverlauf durch.
- Wie oft nehmen Sie sich Zeit für Entspannung oder eine kleine Pause?
- Warum fühlen Sie sich gestresst?
- Leben Sie Ihrem Rhythmus entsprechend?
- Was ist denn eigentlich Ihr persönlicher Rhythmus?
- Wie würde für Sie ein optimaler Tagesverlauf im Wechsel von Spannung und Entspannung aussehen?

Erkunden Sie Ihre sogenannten »Rhythmusgeber« und »Rhythmusräuber«, damit Sie nicht in die Stressfalle tappen. Helfen Sie auch Ihrem Kind, seinen eigenen Rhythmus zwischen Spannung und Entspannung zu finden und zu leben, so oft es geht.

Pausen

Abtprimas Notker Wolf[61] empfiehlt, den Tag in Pausen zu gliedern. Er meint, dass viele von uns die verschiedenen Zeiten eines Tages nicht mehr bewusst erleben, weil sie richtiggehend durchpowern, atemlos, ohne Pause.

In einer Pause geht es darum, zurückzufahren oder einfach nur darum, langsam zu sein. Die Pause ist nicht »Nichts« oder »Nichtstun«, sie ist etwas Eigenes und gehört zum Rhythmus des Lebens dazu. Kinder bleiben naturgemäß bei einem Waldspaziergang oft stehen. Sie brauchen die Pause, um einen Käfer oder eine Schnecke beobachten zu können. Sie können sie nicht sehen, wenn sie zu rasch daran vorbeigehen ...

Pausen geben dem Leben Struktur und ordnen die Zeit. Bei einem Musikstück gliedert eine Pause das Stück. Pause, das ist kein »Nicht-Weiterspielen«. Pausen bezeichnen nicht nur die Abwesenheit von Musik. Sie haben einen positiven, wichtigen Zweck. Wenn wir unsere Tätigkeiten unterbrechen, uns erholen, zur Ruhe kommen und die Zeit genießen, die uns ganz zweckfrei zur Verfügung steht, schöpfen wir neue Kraft für weiteres Tun. Selbst zum Atmen gehört die Pause, ein kleiner Moment zwischen dem Aus- und Einatmen. Atmen ist ein Naturgesetz. Ebenso ist das Pausieren ein natürliches Element unserer Zeitgestaltung.

Wenn Kinder keine natürlichen Pausen mehr bekommen, holt sich ihr Körper diese Pausen durch unkonzentriertes Trödeln oder andere körperliche Symptome.[62] Wenn wir keine Pausen einhalten, fordert sie der Körper unter anderem durch Erschöpfungszustände oder Krankheiten wie Burn-out oder Depressionen ein.

Von Eulen und Lerchen

Der Physiker Albert Einstein ging selten vor 10 Uhr morgens in sein Institut, um Forschungen zu betreiben. Angeblich kehrte er schon um 13 Uhr wieder nach Hause zurück, um zu essen, Tee zu trinken und sich auszuruhen. Wünschen sich nicht die meisten von uns, dass es mehr Genies wie Albert Einstein gibt? Im Gegensatz zum Nobelpreisträger können jedoch Schüler und Arbeitnehmer von heute nicht nach ihrer inneren Uhr leben.

Haben Sie sich schon einmal Gedanken darüber gemacht, dass Menschen die einzigen Säugetiere sind, die ihre Kinder in der Früh aufwecken? Und das meistens nicht ohne Stress. Wenn Sie Schulkinder haben, können Sie bestimmt auch ein Lied davon singen. Ich hatte schon manchmal den Verdacht, dass der Wecker unserer Tochter hyperaktiv sei. Er hört einfach nicht auf zu piepsen. Zumindest stellt ihn meine Tochter nicht ab, weil sie ihn in ihrer Tiefschlafphase um sieben Uhr in der Früh einfach nicht hört. Manchmal fürchte ich, dass der Wecker jeden Moment explodieren könnte. Doch bevor ich explodiere und meine Tochter »liebevoll« aus dem Bett rüttle, erinnere ich mich gerade noch ... Ach ja, da war doch was: die Eulen und die Lerchen.

Meine Tochter gehört zu den sogenannten Eulen. Das hat sie wohl von ihrem Vater. Wie erkennt man Eulen? Sie gehen abends nicht gern ins Bett und, oh Wunder, kommen morgens einfach nicht aus den Federn. Das machen die Eulen natürlich nicht absichtlich. Nein, dazu gibt es mittlerweile auch zahlreiche Studien, die dies belegen. Stellen Sie sich vor, es gibt sogar schon Gentests, die Aufschluss darüber geben, ob jemand ein Frühaufsteher oder Langschläfer ist. Umpolen lässt sich der angeborene Biorhythmus allerdings kaum. Leider.

? Wussten Sie, ...

... dass eine Studie an der Universität Leipzig ergab, dass viele Schüler und Schülerinnen durch den frühen Unterrichtsbeginn Nachteile erleben. Er hat unter anderem Auswirkungen auf ihre Leistungsfähigkeit. Die Chronobiologie unterscheidet zwischen zwei Zeit-Typen (Frühaufsteher und Langschläfer). Ihr Verhalten lässt sich kaum verändern, weil es angeboren ist. Die »Lerchen« sind um sieben Uhr morgens schon fit, die sogenannten »Eulen« werden erst gegen neun Uhr morgens munter. Ein Vergleich zeigte: Frühaufsteher haben bessere Noten als Langschläfer. Nicht weil sie intelligenter sind, sondern weil der Schulalltag ihrer inneren Uhr entspricht.[63]

Chronische Müdigkeit

Und dies alles kann laut Gentest bewiesen werden. Molekularbiologisch scheint damit auch endlich bewiesen, dass Lerchen und Eulen nicht anders können, selbst wenn sie wollten.[64] Die Chronotypen sind angeboren. Weder durch Lichttherapie noch durch die Gabe von Melatonin (Hormon, das den Tag-Nacht-Rhythmus steuert) können Eulen zu Lerchen gemacht werden. Von diesen beiden extremen Typen gibt es natürlich auch alle möglichen Zwischenformen.

Vor allem die »Eulen« unter uns leben gegen ihren Biorhythmus. Wenn sie früh am Morgen vom Wecker aus ihrer Nachtruhe gerissen werden, häufen sie mit jedem neuen Schul- oder Arbeitstag ein immer größeres Schlafdefizit an. Bei den extremen Chronotypen ist mitunter die Gesundheit gefährdet. Denn wer dauernd gegen seine innere biologische Uhr lebt, ist anfälliger für organische Erkrankungen, wie Untersuchungen an Schichtarbeitern oder Flugbegleitern gezeigt haben. Betroffene greifen auch häufiger zu Nikotin und Alkohol.[65] Die traditionellen Arbeitszeiten der Agrar- und Industriegesellschaft sind heute vielfach überholt und nicht mehr stimmig.

Was tun, wenn Kinder Tendenzen einer Eule zeigen?

Die Preisfrage: Wie können Sie nun den morgendlichen Familienstress, gerade wenn Kinder Tendenzen einer Eule zeigen, entspannen? Sie werden die momentane Schulsituation Ihres Kindes nicht großartig ändern können oder wollen. Auch die Eulen müssen raus aus den Federn. Sie können jedoch einiges zu einem besseren Gelingen des Schulalltags beitragen.

♥ Was Sie sofort umsetzen können:

- Achten Sie, wenn möglich, darauf, dass Eulen-Kinder am Wochenende genügend Schlaf tanken können.
- Auch wenn es schwerfällt, sollten Nachtaktive während der Woche nicht zu spät ins Bett gehen. Lesen oder andere ruhige Beschäftigungen sind empfehlenswert, sollten aber auch nicht zu lange in die Nacht hinein ausgeübt werden.
- Wenn Sie merken, Ihr Kind befindet sich in einem »Dauer-Jetlag«, legen Sie zwischendurch einen Tag Pause in der Schule ein. Ihr Kind versäumt weniger, wenn es wieder mal so richtig ausschlafen kann, als wenn es wochenlang in einer Art Trance die Schulbank drückt.
- Haben Sie als möglicher Lerchen-Elternteil Verständnis für Ihr Kind, wenn es zu den Eulen gehört. Wir leben nun einmal in einer Welt der Polarität. Allein das Wissen über die verschiedenen Vogelarten kann schon so manches erleichtern ... Und dazu müssen Sie nicht erst Zoologie studieren.

Diese Tipps gelten natürlich auch für Sie, wenn Sie Tendenzen einer Eule zeigen.

Das Sahnehäubchen

Als kostenloses Extra gibt es ein Sahnehäubchen obendrauf. Die Wissenschaft fand nämlich heraus, dass sich der Bio-Rhythmus in der Pubertät verändert.[66] Zwischen 12 und 13 Jahren mutieren fast alle Jugendlichen durch die Hormonumstellung zu Nachteulen. Erst mit Anfang 20 bilden sich die verschiedenen Schlaftypen wieder heraus. Der Schulbeginn ist also für viele zu früh angesetzt – besonders in der Pubertät. Na dann prost Mahlzeit, meine Tochter ist gerade mal zwölf ...

Es gibt Hoffnung für Teenager

In einer groß angelegten Studie[67] in Großbritannien, an der hundert Schulen teilnehmen, wurde der Unterrichtsbeginn auf 10 Uhr morgens verlegt. Das Experiment dauert insgesamt vier Jahre (2014 bis 2018). Die Wissenschaftler erhoffen sich neue Erkenntnisse darüber, welche Verbesserungen sich durch angepasste Schulzeiten erzielen lassen.

Rituale

Als Sonjas Kinder noch klein waren, fiel es ihnen sehr leicht, mit Ritualen den Tages- und Jahresablauf zu strukturieren. In der Früh nahmen sie sich Zeit für das Morgen-Kuschel-Ritual, zu Mittag saßen sie gemeinsam am Tisch und aßen, am Abend gab es eine Gute-Nacht-Geschichte. Je älter die Kinder wurden und je mehr Stunden Sonja und ihr Mann arbeiteten, desto schwieriger wurde es, gemeinsame Rituale zu finden. In der Früh bleibt nun kaum noch Zeit zum Kuscheln, ansonsten versäumen die Kinder den Schulbus. Drei Kinder, drei unterschiedliche Abholzeiten von Kita und Schule. Das gemeinsame Mittagessen fällt auch ins Wasser. Das Vorlesen am Abend interessiert mittlerweile nur noch den Jüngsten. Die beiden Großen finden das langweilig.

Familien brauchen Rituale, um den Zusammenhalt zu stärken. Kinder brauchen Rituale, um sich in der Welt zurechtzufinden und wohlzufühlen. Und nicht zuletzt brauchen wir Erwachsenen Rituale, ob wir es glauben oder nicht. Rituale werden immer wichtiger in einer Welt, in der der Alltag wenig sichere Abläufe bietet und der familiäre Alltag immer mehr auseinanderläuft.

Rituale hatten in allen Kulturen immer schon einen hohen Stellenwert. Sie halfen den Menschen, sich zu orientieren, gaben ihnen Halt und Sicherheit. Die persönlichen Rituale sehen in jeder Familie anders aus. Egal, welche Rituale Sie pflegen oder planen, es sollten auf jeden Fall einige vorhanden sein und verlässlich durchgeführt werden. Rituale bedeuten eine bewusste Unterbrechung des

Drucks, der von außen kommt. Sie geben dem Tag oder dem Jahresablauf eine Struktur.

? Wussten Sie, ...

... dass Rituale
- helfen, die familiäre Beziehung zu festigen
- Geborgenheit schenken
- helfen, Ängste zu bewältigen
- Freiräume für Muße und Kreativität schaffen
- den Tagesablauf regeln
- helfen, sich in der Zeit zu orientieren
- das Selbstwertgefühl stärken
- helfen, sich eingebunden zu fühlen in ein größeres Ganzes.[68]

♥ Was Sie sofort umsetzen können:

Was könnten solche Rituale sein, die in den Tages- oder Jahresablauf eingebunden werden?

Rituale für Familien im Tagesablauf mit jungen Kindern:

- Zeit für morgendliches Kuscheln, bevor der Tag beginnt
- Gemeinsames Frühstück, Mittagessen und/oder Abendessen
- Mittagsschlaf
- Zeit für freies Spiel am Nachmittag
- Abendliches Vorlesen mit vielen Umarmungen

Rituale für Familien im Tagesablauf mit älteren Kindern:

- Gemeinsame Gespräche am Frühstückstisch
- Gemeinsames Frühstück, Mittagessen und/oder Abendessen, was sich eben am leichtesten organisieren lässt
- Einmal in der Woche ein gemeinsames Hobby pflegen
- Gespräche am Abend/beim Zubettgehen über die Ereignisse des Tages

Rituale im Jahresablauf:

- Geburtstagsrituale
- Familienfeste
- Weihnachtsfest
- Fastenzeit
- Stadt- oder Dorffeste

Wenn wir uns Zeit lassen, werden ganz selbstverständlich Räume für individuelle Rituale entstehen. Rituale helfen uns, wieder mit uns selbst in Kontakt zu kommen, wenn Gefahr besteht, dass wir uns verlieren unter all den äußeren Einflüssen. Rituale helfen auch Krisen zu bewältigen und gestärkt aus diesen hervorzugehen.

Magische Zeiten mit Kindern

Es gibt Zeiten im Tagesablauf einer Familie, die eine eigene Magie besitzen. Die Kinder sind zu diesen Zeiten oft besonders gesprächsfreudig. Sie plaudern über Dinge, die sie beschäftigen, belasten oder erfreuen. Sie öffnen sich und lassen uns eintreten in ihre innere Welt. Diese Zeiten sind in jeder Familie anders, je nachdem wie der Tag für gewöhnlich verläuft. Eine besondere magische Zeit ist allerdings in fast jeder Familie gleich, es ist der Moment kurz vor dem Einschlafen. Je nach Alter des Kindes wird die Art der Zuwendung am Abend variieren. Babys und Kleinkinder benötigen für gewöhnlich eine Bindungsperson, die bei ihnen bleibt, bis sie schlafen. Babys wollen Mama oder Papa spüren. Sie wollen das Gefühl haben, dass sie jemand beschützt.

Mit zunehmendem Alter der Kinder ändert sich die Aufgabe der Eltern. Nimmt sich ein Elternteil am Abend Zeit, sich ans Bett des Kindes zu setzen, können Wunder geschehen. Kinder beginnen von sich aus über ihren Tagesablauf zu erzählen. Sie sprechen über Dinge, die sie belasten oder die Freude und Spaß machen. Das ist nicht nur so ein »Dahinreden«, um Mama oder Papa ans Bett zu fesseln. Eltern sollten diese wichtigen Erzählungen nicht ignorieren. Die Kinder verarbeiten dabei ihre Erfahrungen. Solche Gespräche kurz vor dem Einschlafen haben einen unschätzbaren Wert. Sowohl für das Kind wie auch für den Erwachsenen. Das emotionale Band zwischen beiden wird auf unsichtbare Art und Weise gestärkt. Diese Gespräche am Ende des Tages haben eine intensivere Energie als Gespräche, die am Tag oft nur nebenbei geführt werden. Voraussetzung dafür ist, dass Mama oder Papa sich Zeit dafür nehmen.

Wir haben, als unser erstes Kind auf die Welt kam, beschlossen, den Fernseher rauszuschmeißen. Wir machten es völlig ohne Zwang und waren der Meinung, dass wir uns früher oder später wieder einen anschaffen würden. Das traf jedoch bis zum heutigen Zeitpunkt nicht zu. Dieser »Kasten« geht uns einfach nicht ab. Am Abend bleibt somit viel mehr Zeit, um sich gegenseitig zuzuhören oder gemeinsam etwas zu lesen. Außerdem gibt es ausgiebige Kuscheleinheiten, die nicht nur die Kinder genießen, sondern auch wir Erwachsenen.

Gemeinsames Essen

In unserer Familie gibt es eine weitere magische Zeit am Tag. Das ist die Mittagszeit. Und zwar genau dann, wenn unsere Kinder vom Kindergarten oder von der Schule nach Hause kommen. Ich habe das große Glück, dass ich mir meine Arbeit selbst einteilen kann. Das heißt, ich bin fast immer da, wenn die Kinder nach Hause kommen. Ich nehme mir die Zeit, um ihnen einfach zuzuhören. Sie brauchen in der Regel keine Kommentare oder Ratschläge von mir. Sie möchten einfach nur erzählen. Unser Jüngster wünscht sich meist nur eine dicke Umarmung. Er erzählt noch nicht so gerne. Er sucht Körperkontakt. Mama oder Papa sind da, das fühlt sich gut an. Wenn diese magische Zeit, die oft nur zehn Minuten dauert, achtsam genutzt wird, verläuft der ganze Nachmittag entspannter und zufriedener für uns alle. Gelassenheit pur.

Solche besonderen Zeiten können in jeder Familie als eine Art heilsames Ritual geschaffen werden. Suchen Sie nach Möglichkeiten, nach ein wenig Zeit dafür! Es lohnt sich allemal, neue Rituale auszuprobieren.

Versteckte magische Zeiten

Die Sonne scheint. Es ist schon später Nachmittag und ich möchte mit den Kindern noch unbedingt in den Garten. Draußen warten »richtig schöne Spiele« auf uns. Ich rufe nach unserem jüngsten Sohn. Er steht im Bad beim Waschbecken und wäscht sich die Hände mit Seife, richtig viel Seife. Er reibt die Hände aneinander, es entsteht immer mehr Seifenschaum.

Wer entscheidet nun, was »richtiges« Spiel bedeutet? Ich möchte mit ihm in den Garten hinaus, um zu spielen. Er genießt mit großer Freude das Zusammenspiel von Wasser und Schaum. Wovon hängt es ab, ob er die Zeit bekommt, um sich in Ruhe die Hände zu waschen? Ich als seine Mutter kann entscheiden, ob ich seiner gerade vorrangigen Aktivität mehr oder weniger Zeit einräume. Er spielt, auch wenn es auf Anhieb den Eindruck erweckt, dass er sich nur die Hände wäscht.

Ich könnte ihn unter Druck setzen. Immerhin ist es draußen so schön und die Sonne geht bald unter. Aber muss denn alles immer in Eile geschehen? Was kann ich in diesem Moment dazu beitragen, dass mein Kind eine gesunde Beziehung zur »Zeit« entwickelt? Dass es selbst verantwortlich mit seiner Zeit umgeht? Dass es nicht verlernt, im Moment zu bleiben? Ich schicke die »Großen« schon vor in den Garten. Nach etwa zehn Minuten beendet unser Jüngster sein Seifen-Schaum-Wasser-Experiment mit den Worten: »So, fertig.« Er taucht aus seiner Versenkung auf und wir gehen nach in den Garten.

Dieses Ereignis ist schon einige Jahre her. Solche versteckten magischen Zeiten begleiten uns immer wieder ganz unauffällig und unaufdringlich in unserem Alltag.

Ohne Fundament kein Haus

Ich bin weder Ernährungsberaterin noch Sportmedizinerin. Dennoch kann ich drei Aspekte, die für eine Slow Family von Bedeutung sind und wesentlich zu einem gelassenen Lebensstil beitragen, nicht außer Acht lassen. Wenn wir ein Haus bauen wollen, braucht es dazu ein stabiles Fundament. Damit unser »Körperhaus« stabil wird oder bleibt und ein gelassener Lebensstil möglich ist, müssen wir uns Zeit nehmen für

- gesundes Essen
- ausreichend Schlaf
- regelmäßige Bewegung

Ernährung

Es gibt unzählige Ernährungsratgeber und gefühlsmäßig Tausende verschiedene Meinungen dazu, wie gesunde Ernährung aussehen sollte. Kaum ein anderes Thema hat mich in den letzten fünfzehn Jahren mehr beschäftigt als »gesundes Essen«. Ich war zeitweise sehr verwirrt und wusste oft nicht mehr, welcher Ernährungslehre ich Glauben schenken sollte.

Mittlerweile sehe ich die Themen rund ums Essen viel gelassener. Ich verlasse mich mehr auf mein Gefühl, was meiner Familie guttun könnte und was nicht. Auf jeden Fall steht für mich fest, dass eine ausgewogene Ernährung Teil eines gelassenen Lebens ist. Wenn von Stress-Symptomen, Burn-out oder ADHS die Rede ist, wird die Ernährung oft außen vor gelassen. Sie bildet jedoch die Basis für einen gesunden Körper. Und das jeden Tag aufs Neue. Ins Auto muss auch der richtige Kraftstoff getankt werden, damit es tadellos fährt ...

Auch wenn es die unterschiedlichsten Ansätze in Sachen gesunde Ernährung gibt, so findet man in fast jeder Ernährungslehre dieselben »Ernährungsfehler«, die es zu vermeiden gilt.

Zu viel an diesen Dingen tut uns nicht gut:

- Raffinierter Zucker
- Weißes Mehl
- Milchprodukte
- Fertignahrung

Evolutionsbedingt brauchen wir mehr davon, um fit, entspannt und stark durchs Leben zu gehen:

- Frische Lebensmittel, wie Gemüse
- Bunte Nahrungsmittel (rot, gelb, grün)
- Gesunde Fette
- Frische Kräuter und Gewürze

Slow Food
Natürlich spielt auch das Wie eine wesentliche Rolle dabei, ob unser Körper die Nahrung gut verwerten kann. Wie sieht es mit Ihrer Esskultur aus? Herrscht bei Tisch eine angenehme Stimmung und gibt es ausreichend Zeit, um das Essen bewusst und in Ruhe zu genießen? Wird das Essen gemeinsam genossen oder isst jeder für sich? Werden aufbauende, anregende Gespräche geführt? Darf Essen auch Spaß machen, fernab von dem, was richtig oder falsch ist?

💚 *Was Sie sofort umsetzen können:*

- Sorgen Sie für abwechslungsreiches, gesundes Essen mit vielen Vitaminen, gesunden Fetten und buntem Gemüse.
- Egal, ob jung oder alt: Es sollte nicht nebenher gegessen werden. Nicht während dem Arbeiten oder Spielen und auch nicht während dem Fernsehen, Zeitunglesen oder beim Beantworten von E-Mails.
- Planen Sie für jedes Essen Zeit und Ruhe ein und sorgen Sie für eine angenehme Atmosphäre.
- Lassen Sie sich Zeit beim Essen selbst und üben Sie sich immer wieder darin, der Langsamste (!) in der Runde zu sein. (Ein Tipp für uns Mütter: Immer wieder mal das Besteck ablegen und den in den Mund genommenen Bissen tatsächlich zu Ende kauen.)

Schlaf

Sonja, Mutter von zwei kleinen Kindern, fühlt sich heute wie neu geboren. Ihre Zwillingstöchter haben die ganze Nacht durchgeschlafen. Schon während dem Frühstück merkt Sonja, dass sie viel entspannter ist als sonst. Auch wenn Emilie und Sophia quengeln und zanken, kann Sonja die Situation gelassener betrachten als in den letzten Wochen, in denen sie kaum Schlaf gefunden hatte. Auch als das Glas Milch zum zweiten Mal vom Tisch fällt, bringt Sonja dies nicht gleich auf die Palme. Sie wischt die Milch gemeinsam mit Emilie und Sophia am Boden zusammen.

Früher einmal begann die Nacht und somit auch die Ruhe- und Regenerationsphase mit Einbruch der Dunkelheit. Diese Zeiten sind schon lang vorbei. Dennoch wissen wir: Der Schlaf ist immens wichtig und wir brauchen ausreichend davon, um gut drauf zu sein.

Ich erinnere mich nur allzu gut an die vielen schlaflosen Nächte mit drei kleinen Kindern. Sie kennen das bestimmt auch. Vielleicht begleitet Sie das Gefühl des ständigen Schlafdefizits gerade ganz aktuell. Ein Erwachsener braucht durchschnittlich sieben bis acht Stunden Schlaf. Ich fühle mich zum Beispiel in Zeiten hoher Belastung erst richtig wohl, wenn ich neun Stunden Schlaf bekommen habe. Andere Eltern, die ich kenne, sind schon nach sechs Stunden wieder fit. Das Schlafbedürfnis verändert sich im Lauf des Lebens. Neugeborene brauchen noch sehr viel Schlaf. Die Bedürfnisse variieren jedoch auch hier von Kind zu Kind.

Interessant ist, dass durch die Lebensform in den westlichen Industrieländern nur etwa jeder zweite Erwachsene sein biologisch vorgesehenes Schlafpensum erfüllt. Somit leiden viele Menschen unter einem chronischen Schlafdefizit. Und dazu gehören definitiv auch Eltern kleiner Kinder.

Was macht dieser Schlafmangel mit uns? Er beeinträchtigt nicht nur die Kommunikations-, Entscheidungs- und Lernfähigkeit, sondern auch den Hormonstoffwechsel und das Immunsystem. Auch die Aggressionsbewältigung wird in Mitleidenschaft gezogen. Bei Schlafmangel werden selbst sachliche Informationen emotional interpretiert und es fällt schwer, wichtige von weniger wichtigen Informationen zu unterscheiden. Wir fühlen uns einfach gestresster. Auch Kinder, die zu wenig Schlaf bekommen, reagieren meist überreizt.

? *Wussten Sie, ...*

... dass jemand, der nur vier Stunden in der Nacht geschlafen hat, bereits so reagiert, als hätte er 0,5 Promille Alkohol im Blut? Bei einer durchwachten Nacht ist es bereits ein Äquivalent von 0,8 Promille.

... dass jemand, der schlecht schläft, unter Umständen schwerwiegende Fehler macht? Jeder dritte Verkehrsunfall ist der Übermüdung zuzuschreiben.[69]

Bewegung

Menschen jeden Alters bewegen sich im Alltagsleben immer weniger. Erwachsene verbringen zunehmend mehr Zeit sitzend; Kinder sitzen in der Schule länger, als es ihnen guttut. Selbst kurze Strecken werden heute mit dem Auto zurückgelegt. Doch erst durch Bewegung finden Körper und Geist die Entspannung, die sie brauchen. Bewegung zählt zu den Grundbedürfnissen des Menschen, sie ist ein wesentlicher Teil der menschlichen Natur. Ein gesundes, vitales Leben ist nur möglich, wenn regelmäßige Bewegung in unseren Alltag einfließt. Von sportlichen Höchstleistungen ist hier nicht die Rede. Die Bewegung soll Spaß und Freude machen und mit etwas Positivem in Verbindung gebracht werden, sowohl bei uns Erwachsenen wie auch bei unseren Kindern.

Was passiert im Körper, wenn wir unter Stress stehen? In jeder Stresssituation werden binnen Sekunden die Hormone Adrenalin, Noradrenalin, Insulin und Cortisol frei und bereiten uns auf Kampf oder Flucht vor. Schon zu Urzeiten wusste man: Wenn ein wildes Tier angreift, dann heißt es entweder angreifen oder fliehen. Werden die Stresshormone nicht durch Aktivität abgebaut, zirkulieren sie im Körper, belasten den Organismus und können auf Dauer krank machen. Dem Urinstinkt zum Trotz sitzen viele von uns stundenlang vor dem PC oder nehmen zu oft das Auto. So bleiben sie buchstäblich auf dem Stress sitzen. Ob uns der Familienalltag über den Kopf wächst oder die Kinder gestresst von der Schule nach Hause kommen: Bewegung gleicht die Überflutung des Körpers mit Stresshormonen wieder aus. Nach ausreichend Bewegung, am besten in frischer Luft, fühlt man sich, egal ob groß oder klein, entspannt und gestärkt zugleich, um den Alltag gelassener zu erleben.

♥ *Was Sie sofort umsetzen können:*

- Gehen Sie mit Ihren Kindern wieder vermehrt zu Fuß.
- Nehmen Sie die Treppe statt den Fahrstuhl.
- Laufen Sie zur Musikschule, statt mit dem Auto zu fahren.
- Machen Sie einen gemeinsamen Abendspaziergang statt eines Familienfernsehabends.

Slow, trotz Kindergarten und Schule?

Ich wage es, über das Minenfeld der öffentlichen Institutionen zu schreiben. Jedoch nur aus einem einzigen Gesichtspunkt heraus. Aus meiner persönlichen Sicht, auch an dieses Thema gelassener heranzugehen, als es oft in der Öffentlichkeit diskutiert wird. Denn wir können und sollen nicht alle öffentlichen Institutionen über einen Kamm scheren.

Ich habe viele Betreuungseinrichtungen kennengelernt, dort gearbeitet, meine Kinder dort untergebracht und mit verschiedensten PädagogInnen Gespräche geführt. Die Unterschiede sind enorm. So wie wir Erwachsenen fühlen sich auch manche Kinder in der Gruppe wohl, andere wiederum sind Einzelgänger und zu lange Gruppenerfahrungen ermüden sie rasch. Außerdem müssen wir verstehen, dass es einen großen Unterschied macht, ob acht Wochen alte Babys dreißig Stunden in einer Krippe verbringen oder fünfjährige Kinder neue Erfahrungen in einem Kindergarten sammeln und die Welt da draußen entdecken wollen. Das Alter der Kinder sowie die Dauer des Aufenthalts in einer Einrichtung sind wesentliche Faktoren. Die Qualität der Einrichtung ist abhängig von den PädagogInnen vor Ort und den Rahmenbedingungen, die den Betreuern zur Verfügung stehen. Das Einzugsgebiet spielt ebenso eine Rolle wie die vorhandenen finanziellen Mittel.

Dennoch wage ich es. Machen Sie mit mir einen Streifzug durch Krippe, Kindergarten und Schule. Lassen Sie es uns aber gelassen angehen.

Krippe

Jedes Kind ist anders, jede Familie organisiert sich den Alltag auf unterschiedliche Weise und jede Betreuungseinrichtung wird anders geführt. Krippe ist nicht Krippe. Es gibt unterschiedlichste Ergebnisse von Studien, die bezüglich Betreuung von Kleinkindern gemacht wurden. Mit Sicherheit hängt es vom Alter des Kindes und der Aufenthaltsdauer pro Tag und Woche in der Kinderkrippe ab, welche Auswirkungen deren Besuch nach sich zieht. Um ein familienähnliches Klima zu erreichen, spielt der Betreuungsschlüssel eine große Rolle. Weitere wichtige Gegebenheiten: Wie verläuft die Eingewöhnungszeit? Wird die Erzieherin als Bindungsperson angenommen? Wie sieht das familiäre Umfeld des Kindes aus? Fragen über Fragen, die individuell beantwortet werden müssen.

Tausende verschiedene Gesichtspunkte könnte ich in dieses Kapitel packen. Ich werde mich aber vor allem auf den meist unausgesprochenen Satz vieler Kinder konzentrieren:»Lass mir Zeit!«
Bevor unsere Kinder auf die Welt kamen, habe ich selbst einige Jahre in einer der ersten Krippen Österreichs mit sehr jungen Kindern gearbeitet. Einige Kleinkinder, die ich betreute, wurden am Tag vor ihrem ersten Krippenbesuch abgestillt. Nach einer kurzen Eingewöhnungszeit stieg deren Aufenthalt in der Krippe rasch auf acht Stunden pro Tag. Das war länger, als ich selbst als Pädagogin dort zubrachte. Ich ging nach sieben Stunden müde nach Hause. Die Kinder blieben noch. Sie waren teilweise nicht vom Fenster wegzubewegen. Sie hielten nach Mama oder Papa Ausschau. Kleine Kinder haben noch kein Zeitempfinden wie wir Erwachsenen. Ein Tag in der Krippe kann für sie unendlich lang sein. Viele Stunden, bis Mama oder Papa wiederkommen. Ich erinnere mich an einige Kinder, die ich um sechs Uhr früh (!) schlafend entgegennahm. Sie bekamen den Abschied von Mama nur im Halbschlaf mit.
Die frühe Betreuung von sehr jungen Kindern liegt inzwischen im Trend der Zeit. Erfahrungen aus einer halben Million Jahre an Kindererziehung wandeln sich zurzeit rasant. Wirtschaftliche Faktoren spielen dabei eine vorrangige Rolle. Die wirklichen Bedürfnisse der Kinder werden kaum berücksichtigt oder zur Diskussion gestellt. Es fällt auf, dass sich auch einschlägige Fachzeitschriften und populäre Erziehungsratgeber nur wenig »für die Kinder« aussprechen. Wo bleibt das Gefühl für die Bedürfnisse so junger Kinder? Was denken wir denn, was aus Sicht der Kinder das Beste für sie wäre?
Natürlich gibt es auch Kinder, die gern in die Krippe gehen, soweit ich es beurteilen kann. Diese Krippenaufenthalte betten sich in den Tagesablauf ein und sind eine Unterstützung und Erleichterung für die ganze Familie. Dabei kommt es, wie erwähnt, immer auf das Alter des Kindes und die tägliche Aufenthaltsdauer in der Krippe an: Die Dosis macht das Gift ...

Zu früh, zu viel, zu lange

Tatsache ist, dass sich sehr junge Kinder sozusagen die individuelle Fürsorge einer ganz besonderen Person wünschen. Können das Kinderkrippen bieten? Mitarbeiter in Institutionen bauen meistens eine professionelle Beziehung zu den Kindern auf. Ich weiß dies eben aus eigener Erfahrung, und viele meiner Freundinnen arbeiten derzeit in Krippen als Erzieherinnen. Sie sind wunderbare Menschen und betreuen mit großer Leidenschaft ihre kleinen Schützlinge. Meist sind sie sich auch der Widersprüche ihrer Arbeit bewusst. Dennoch bleibt die Beziehung zu den Kindern meist professioneller Art. Anders wäre es sicherlich nicht möglich, jeden Tag über viele Jahre hinweg diese Betreuungsarbeit zu leisten.

Beobachten wir Mütter im Umgang mit ihren Kindern, wird der Blickkontakt ein anderer sein als von den Erzieherinnen, das Kind wird anders in den Arm genommen, auf Emotionen wird anders reagiert. In der Krippe bleibt kaum Zeit für intime und liebende Momente. Was die Mitarbeiter einer Kindertagesstätte bieten, ist Fürsorge – aber es ist nicht Liebe, und der Unterschied ist für Kleinkinder enorm. *Fazit ist, je jünger das Kind, desto weniger wird die Umgebung in einer Kindertagesstätte seinen Bedürfnissen gerecht. Ältere Kinder finden im Kindergarten jedoch genau das, was sie in Maßen brauchen, eine Ergänzung zur familiären Erziehung und Vorbereitung auf die Schule.*[70]

Mittlerweile wissen wir, dass eine zu frühe und zu lange Fremdbetreuung schwerwiegende Folgen für die Kinder haben kann.

Frühkindlicher Stress in der Fremdbetreuung – und seine langfristigen Folgen

Forschungen über die Auswirkungen der Betreuung auf Kleinkinder in Kindertagesstätten, insbesondere Kinderkrippen, gibt es bereits seit über fünfzig Jahren. Sehr frühe Fremdbetreuung bedeutet Stress für die Kleinsten. Mit Langzeitfolgen ist zu rechnen, die in jüngster Zeit immer häufiger und eindringlicher in wissenschaftlichen Studien[71] dargestellt werden. Inzwischen gibt es eine Fülle an Studien zum Thema frühe Fremdbetreuung. Diese werden in der öffentlichen Diskussion allerdings oft ausgeblendet. In diesen Studien werden die Folgen frühkindlichen Stresses für die physische und psychische Entwicklung der Kinder dargelegt.

Die Ergebnisse zeigen: Je mehr nichtverwandtschaftliche Betreuung (an wöchentlichen Stunden, an Monaten und Jahren) Kinder in sehr frühem Alter erleben, desto mehr treten folgende Verhaltensprobleme, je nach Altersstufe, auf:

- Trotz
- Wutanfälle
- Zerstörung von Sachen
- Hyperaktivität
- Lehrer-Schüler-Konflikte
- Schwächen im Sozialverhalten
- mangelnde Empathie
- Kontaktschwäche
- Rückzug in sich selbst
- Depressionen

Die fehlende Bindungsentwicklung und elterliche Erziehung bei sehr jungen Kindern führt zu mangelnder Stressbewältigung, die sich unter anderem in asozialem Verhalten äußert.[72]

? **Wussten Sie, ...**

... dass eine Studie[73] siebzig Kinder im Alter von 15 Monaten in einer ganztägigen Krippenbetreuung untersuchte? Den Kindern wurden zu Hause und am Vormittag in der Einrichtung Cortisol-Speichelproben entnommen.[74] (Für die Stressforschung ist es ein großer Segen, dass man mittlerweile ganz einfach, indem man Speichel aus der Mundhöhle tupft, den Stresspegel eines Menschen bestimmen kann.) In der Einführungsphase bei Anwesenheit der Mutter (durchschnittlich zwei Wochen) zeigten sicher gebundene Kinder einen geringeren Cortisolanstieg als unsicher gebundene Kinder. In der Trennungsphase, die die Kinder ganztägig ohne ihre Mütter in der Kinderkrippe verbrachten, betrug der Anstieg zwischen 70 und 100 Prozent gegenüber den häuslichen Werten, ohne dass signifikante Bindungsunterschiede feststellbar waren. Offensichtlich ist der ganztägige Aufenthalt in der Kinderkrippe ohne die Anwesenheit der Mutter für die Kinder so überwältigend, dass bezüglich des Stressanstiegs die Art der Bindung zur Mutter keine Rolle mehr spielt.[75]

Wichtige Erkenntnisse der Studie bestanden auch darin, dass Kinder oft den Eindruck machten, als hätten sie sich gut in der Krippe eingelebt, weil sie äußerlich keine Anzeichen von Stress erkennen ließen. Die Cortisolwerte zeigten jedoch, dass sie innerlich verängstigt waren und sich nicht wohlfühlten.[76]

Fragen Sie sich einmal, ob es wirklich notwendig ist, Ihr Kind früh in eine Krippe zu geben. Wollen Sie dies persönlich oder beugen Sie sich dem wirtschaftlichen, gesellschaftlichen Druck? Könnten Sie vielleicht Ihre Arbeitsstunden reduzieren oder Sie oder Ihr Partner zeitweilig raus aus dem Job? Es gibt für jede Entscheidung gute, wichtige Gründe, und es gibt bestimmt nicht den einzigen richtigen Weg. Ich plädiere nicht dafür, dass Frauen allein mit ihren Kindern zu Hause sitzen sollen, während die Männer das Geld verdienen. Aber es wird Zeit, neue Arrangements zu schaffen.

Es geht darum, Lebensstile zu finden, die berufstätige Eltern unterstützen und zeitgleich die Kinder sicher aufwachsen lassen. Ich bin mir sicher: Könnten laut den oben angeführten Studien sehr junge Kinder ihre Wünsche aussprechen, würden sie sagen: »Lass mir Zeit! Was sind schon ein paar Monate in deinem Leben. Mich jedoch prägen diese ersten Monate meines Lebens in Hinblick auf meine Zukunft.«

Der richtige Zeitpunkt ist entscheidend

Die Frage des richtigen Zeitpunkts ist oft entscheidend im Leben – so auch bei der Kinderbetreuung. Ohne Zweifel ist es oft besser, damit zu warten. Man fand heraus, dass es keinen Unterschied macht, ob Eltern ihre Kinder im ersten oder zweiten Lebensjahr in fremde Hände geben – die Folgen sind die gleichen. In dieser Hinsicht ist ein 18 Monate altes Kleinkind ebenso verletzlich wie ein vier Monate alter Säugling.[77]

Eltern haben Rechte

Eltern sollten Alternativen wählen können. Sie sollten, wenn sie schon sehr früh nach der Geburt wieder arbeiten möchten (oder müssen), von einem funktionierenden Netzwerk unterstützt werden. Das kann gut funktionieren und für alle Beteiligten eine Bereicherung sein. Eltern haben aber auch ein Recht darauf, aus der Lohnarbeit eine Zeit lang auszusteigen und sich in den ersten prägenden und zukunftsweisenden Jahren selbst um ihre Kinder zu kümmern – wenn sie das wollen.

Auch Eltern, deren Lebensmittelpunkt zu Hause ist, sollten wirtschaftlich gesehen nicht benachteiligt sein. Und Kinder haben ein Recht auf die Liebe einer kleinen, stabilen Gruppe Erwachsener und Geschwister, gerade dann, wenn sie diese am dringendsten brauchen.

? *Wussten Sie, ...*

... dass es kostengünstiger wäre, Eltern für die Erziehung ihrer jungen Kinder zu bezahlen, als die monatlichen Gebühren für ein Kind in der Kinderkrippe zu berappen?

Eigenartige Kompensation

Von den überfürsorglichen Helikopter-Eltern war schon weiter oben die Rede. Welche Auswirkungen dies auf Familien, deren Kinder sehr früh die Krippe besuchen, haben kann, sah ich neulich in einem Bericht aus den USA. Es ging um Kinderkrippen, in denen in allen Räumlichkeiten Kameras installiert waren. Die arbeitenden Mamis hatten rund um die Uhr die Möglichkeit, ihr Kind über ihren Laptop in der Kinderkrippe zu beobachten. Sie wussten ständig, was ihr Kind spielte, wenn es ein anderes Kind verärgerte oder was es aß. Das Kind hingegen konnte seine Mutter nicht sehen und wusste auch nicht, dass es beobachtet wurde. Das natürliche Bedürfnis, in der Nähe des eigenen kleinen Kindes zu sein, wird in diesem Beispiel mithilfe eines krankhaften Kontrollwahns kompensiert.

Waren es nicht die Erwachsenen, die sich entschieden haben, Kinder zu bekommen? Warum passen sie sich dann nicht zumindest in den ersten Lebensmonaten den Bedürfnissen ihrer Kinder an, die in einer sicheren, häuslichen Umgebung aufwachsen wollen?

Es wird Zeit, wieder selbst die Verantwortung für die Kindererziehung zu übernehmen und sich nicht von wirtschaftlichen Faktoren bestimmen oder blenden zu lassen. In vielen Fällen geht es auch darum, wieder zu lernen, mit weniger auszukommen und dafür auf einer anderen Ebene reich beschenkt zu werden – mit Liebe, Gemeinsamkeit und einem weniger hektischen, gelassenen Lebensrhythmus. Glücklicherweise wird dies immer mehr jungen Familien wieder bewusst. Familie zuerst!

Kindergarten

Wird die Betreuung im Kindergarten richtig eingesetzt, ist sie eine Bereicherung für die ganze Familie.

Kindergärten, die die Kindheit als eigenen Entwicklungsraum betrachten, mit ihren Gesetzmäßigkeiten und Bedürfnissen nach Muße, Natur und Spiel sowie unbeaufsichtigter Zeit und echten Abenteuern, sind äußerst förderlich. Um dem etwas entgegenzusetzen, was der gesellschaftliche Wandel mit sich bringt und die Erwachsenenwelt prägt. Kindergärten und Schulen, die lebensnahes und naturnahes Lernen als *Voraussetzung für das intellektuelle Lernen begreifen*,[78] sind von großer Bedeutung.

Die Realität sieht oft anders aus. Es gibt Kinderbetreuungseinrichtungen in Hochhäusern. Die darin betreuten Kinder setzen oft den ganzen Tag keinen Fuß in die Natur. Sie kommen weder an die frische Luft, noch spüren sie die Strahlen der Sonne auf ihrer Haut. Genauso wenig kann ich Kindergärten gutheißen, in denen Kinder durch strikt geplante und durchstrukturierte Bildungsangebote auf die Zukunft vorbereitet werden sollen ...

Doch gerade Kinder, die in unsere moderne Gesellschaft hineinwachsen und in ihr bestehen sollen, brauchen Spiel und Fantasie, sie brauchen Märchen und unverplante Zeit. Erziehung und die Begleitung von Kindern in den verschiedenen Bildungseinrichtungen geschieht immer im Hier und Jetzt, das sollten wir niemals vergessen.

Von Bildungsplänen und Protokollen

In den Bildungsplänen für Kindergärten und Kinderkrippen dreht es sich vermehrt um verschiedene Förderprogramme. Sprachförderung, Bewegungsförderung, naturwissenschaftliche Angebote oder das Einüben von Sozialkompetenzen stehen im Vordergrund. Zeit für freies Spiel wird so gut wie nicht erwähnt. Das freie Spiel wird oft nur als Lückenfüller angesehen. Spielen wird immer weniger als unglaubliche Chance anerkannt, um zu wachsen und zu lernen.

Susanne, Kleinkindpädagogin und Kindergartenleiterin, erzählte mir in einer ruhigen Minute:»Von Landesseite ist es ja gar nicht mehr erwünscht, dass Kinder im Garten herumkullern und dreckig werden, also einfach spielen und Spaß haben. Denn der Druck, der mittlerweile auch auf uns Kindergärten in Form von »Bildungsstress« ausgeübt wird, nimmt massiv zu. Das ist ein regelrechter Bildungswahn. Und wenn ich als Pädagogin ständig ein schlechtes Gewissen haben muss, weil ich nicht all das mache, was vorgegeben wird, weil es ja auch gar nicht machbar ist, dann ist das bedenklich. Natürlich ist es wichtig zu wissen, dass auch der Kindergarten eine Bildungseinrichtung ist. Das ist auch mir ganz wichtig. Aber im Vordergrund muss doch trotzdem das kindliche Spiel stehen. Das Kind mit seinem Bedürfnis nach Spiel.«

Der Druck geht allerdings nicht nur von den Behörden und ihren Bildungsplänen aus. Auch immer mehr Eltern fordern, dass während der Kindergartenzeit Förderprogramme von verschiedenen Kursleiterinnen durchgeführt werden.

Penny Ritscher, pädagogische Fachberaterin für Kinderkrippen, erklärt, dass sich so mancher Kindergarten diesem Druck unterwirft. Es werden immer mehr Lernprogramme angeboten, statt dem Bedürfnis der Kinder gerecht zu werden – nach mehr Zeit zum Spiel, Geborgenheit und nach weniger vermittelter Bildung.

Bei meinen Recherchen im Internet treffe ich vermehrt Kitas an, die mit Programmen arbeiten. Ich finde »Early learning Kitas«, »Portfolio und Potential Analyse für Dreijährige«,»Baby Tuning for very important Babys« oder »Little Giants Krippen und Kindergärten«. Zehn-Stunden-»Arbeitstage« gehören hier zur Normalität. Kinder werden zu kleinen Managern ausgebildet. Der Tagesablauf ist streng durchgeplant. Hier geschieht nichts einfach nur so. Vorbereitung aufs Leben heißt hier die Devise. Ritscher betont, dass sich Kinder nicht bilden, indem sie eine möglichst große Zahl an Bildungsangeboten besuchen.

Statt all der Kurse wären die vielen »Nicht-Aktivitäten« im Kindergarten wichtiger: der Tagesablauf mit seinen Routinen, das Spiel drinnen und draußen, die Gruppe, in der sich Kinder nach ihrem eigenen Tempo gemeinsam ein Bild von der Welt machen. Ritscher vertritt die Meinung, dass wir über Prioritäten nachdenken sollten und das Tempo wieder selbst in die Hand nehmen müssen.

Was bedeutet Produktivität in Bezug auf Bildung? Bildungseinrichtungen sind keine Lernfabriken, sondern sollten Lebensorte sein. Die Kinder, die sie besuchen, sind nicht »Schüler«, sondern zuerst einmal Menschen, um deren Wohlergehen man sich sorgen muss. Produktivität und Effektivität scheinen fast schon zu mythischen Werten geworden zu sein. Und so werden sie völlig unkritisch auf Bereiche übertragen, in denen sie ganz bestimmt nichts verloren haben, wie auf Krippen und Kindergärten.

Immer mehr Erzieherinnen fühlen sich gehetzt. Sie wollen möglichst zügig beim Abarbeiten des Bildungsplans vorankommen und glauben, gegenüber der Leitung, den Eltern oder auch sich selbst Rechenschaft ablegen zu müssen, ob sie denn auch wirklich produktiv sind. Und ob sie auch keine Zeit »vergeudet« haben. Wir alle sollten uns lieber fragen: Ist im Bildungsbereich Eile wirklich angebracht – oder wirkt sie kontraproduktiv?[79]

Die Entwicklungsschritte der Kinder werden dann meist in Tabellen eingetragen und in sogenannten »Entwicklungsgesprächen« mit den Eltern besprochen. »Ihr Kind ist sozial sehr kompetent. Es schreibt schon die Buchstaben A, O, I und M. Es fügt sich in die Gruppe ein. Es ist feinmotorisch recht gut ausgebildet. Es bewegt sich im Zahlenraum bis 20 sehr geschickt. Es spielt nicht gerne Rollenspiele, eigenartig eigentlich für sein Alter. Es teilt nicht gerne und verwendet auch oft Schimpfworte.«

Irgendwie erinnert mich dieses ständige »Kategorisieren« von Kindern an den Jugendroman »Die Bestimmung«. Kennen Sie den? Es geht darin um die Welt von morgen. In dem Buch wird ein Experiment mit einer großen Gruppe von Menschen gemacht. Sie werden in fünf Fraktionen eingeteilt. Da gibt es die »Ferox«, das sind die Furchtlosen. Weiters die »Altruan«, die Selbstlosen, die »Candor«, die Freimütigen, die »Ken«, die Wissenden, und die »Amite«, die Friedfertigen. In welche Fraktion fällt Ihr Kind? Weit entfernt sind wir von dieser »Welt von morgen« in manchen Dingen nicht mehr …

Als ich vor vielen Jahren als junge Kindergartenpädagogin arbeitete, begann gerade dieser Druck immer stärker zu werden, unsere pädagogische Arbeit »sichtbar« zu machen. Mittlerweile haben Kindergärtnerinnen immer mehr Verwaltungsaufgaben zu erfüllen. Arbeitsberichte, Beobachtungsbögen, Fotodokumentationen, Aufführungen und Präsentationen. Ich erinnere mich, dass ich mich mit Händen und Füßen gewehrt habe, meine wertvolle Zeit, die ich den Kindern widmen wollte, vorwiegend für schriftliche Arbeitsberichte zu verwenden. Jeder, der im Bildungsbereich arbeitet, weiß, dass es wesentliche Gesichtspunkte unserer Arbeit gibt, die nicht protokolliert werden können. Es ist unmöglich, diese zu fotografieren oder auch zu dokumentieren. Es sind Gespräche, liebevolle Beziehungen, Berührungen, Blicke, die nicht mit Worten zu beschreiben sind. Sie können nicht in Arbeitsberichte verpackt werden. Diesen wichtigen, wertvollen Seiten der Arbeit mit Kindern sollte viel mehr Beachtung geschenkt werden!

♥ Was Sie sofort umsetzen können:

- Gehen Sie gelassen in diese so kurze prägende Zeit der Kindheit und erinnern Sie sich an die Wünsche der Kinder (Kapitel 2).
- Üben nicht auch noch Sie Druck auf die Pädagoginnen im Kindergarten aus, indem Sie diverse Förderprogramme verlangen.
- Freuen Sie sich, wenn Ihr Kind in der Kita viel Zeit im Freien verbringen darf und mit anderen Kindern auch unbeobachtete Momente genießen kann.
- Entscheiden Sie sich, wenn möglich, für einen Kindergarten, in dem das ungezwungene kindliche Spiel noch an erster Stelle steht.

Schule

Die Institution Schule hat großen Einfluss auf einen bedeutenden Abschnitt im Leben eines Menschen. Schule und Schulleistung sind zu einem dominanten Thema in den Familien geworden und das Familienleben wird durch den Schulalltag nachhaltig geprägt.

Der Ernst des Lebens beginnt

Oft bestimmen Wettbewerb und Konkurrenz den Schulalltag. Vollgestopfte Lehrpläne und hektisch aufeinanderfolgende Schulstunden machen nachhaltiges Lernen unmöglich. Diese Rahmenbedingungen verhindern, dass sich das schöpferische Potenzial der Kinder entfalten kann. Aber gerade der Lernprozess ist es, der den Inhalt lebendig werden lässt. Lernen ist ein Prozess, der Erfahrung und Entfaltung braucht. Zunehmend kontrolliertes Lernen und Unterrichten gefährdet die Natur des menschlichen Geistes.

Eine Anfang des Jahres 2016 veröffentlichte Studie[80] hatte gezeigt, dass Schule für Kinder in Deutschland der Stressfaktor Nummer eins ist. Nach dem »Kinderbarometer« der LBS Bausparkasse fühlt sich ein Drittel der Kinder regelmäßig von der Schule gestresst. Das wirkt sich auch auf den gesamten Familienalltag aus. Die Gedanken von Kindern und Eltern drehen sich oft nur noch um das Thema Schule.

Der Stichtag

Ich selbst bin ein August-Kind. Besser gesagt kam ich am 25. August zur Welt – in Österreich genau sechs Tage vor dem Stichtag für die Einschulung. Ich war bei Weitem die Jüngste in meiner Klasse. Im Gymnasium hatte ich ständig das Gefühl, ich verstehe einfach nicht, wovon die anderen sprechen. Das wirkte sich natürlich auch auf meine Noten aus. Ich hatte definitiv nicht die gleiche Reife wie die übrigen Kinder in meiner Klasse. Erst nach einigen Jahren glich sich dieses Defizit aus und ich holte in der Schule auf.

Zum Zeitpunkt der Einschulung in die Volksschule besteht zwischen den Kindern also ein Altersunterschied von bis zu einem Jahr. Das ist etwa ein Sechstel der Lebenszeit eines Taferlklasslers und impliziert erhebliche Unterschiede in den Lernvoraussetzungen. Österreichische Untersuchungen[81] zeigen, dass bei der Einschulung altersbedingte Unterschiede in der Schulreife bestehen, die mit unterschiedlichen Leistungen in der Schule verbunden sind und während der ersten vier Schuljahre nicht ausgeglichen werden können. In einer schwedischen Untersuchung mit Schulanfängern wurde festgestellt, dass sich die älteren Kinder in der Schule besser entwickeln und mehr profitieren.

Der deutsche Kinderarzt und Wissenschafter Herbert Renz-Polster ist überzeugt, dass auch ADHS häufig mit einem Passungsproblem zusammenhängt.[82] Dem Kind werden Dinge abverlangt, die es entwicklungs- oder persönlichkeitsbedingt (noch) nicht leisten kann. Jüngere Kinder bekommen in einer Klasse deutlich häufiger die Diagnose ADHS als ältere. Renz-Polster meint, dass der Abstand zwischen Geburtstag und Einschulungs-Stichtag bei klar definierten Krankheiten ja eigentlich keine Rolle spielen sollte.

Leider gibt es zusätzlich verstärkt Diskussionen darüber, den Schulbeginn allgemein nach vorn zu verlegen. Obgleich es Untersuchungen gibt (House of Commons, London 2000)[83], die belegen, dass ein Schulbeginn vor dem sechsten Lebensjahr keine Vorteile für die mathematischen und sprachlichen Fähigkeiten der Kinder bringt, wird auch in Deutschland für ein früheres Einschulungsalter geworben.

Bulimie-Lernen
Alles, was zu schnell in die Kinder »hineingestopft« wird, verhindert wirkliches, nachhaltiges Lernen. An dem neuen Modewort, das sich »Bulimie-Lernen« nennt, erkennen wir, wie es den Schülern ergeht. Sie schlingen die Lerninhalte viel zu rasch in sich hinein, um das auswendig gelernte Wissen während der Prüfung herauszuspeien. Danach wird das meiste davon wieder vergessen.

Hinzu kommt, dass noch immer in vielen Schulen die verschiedenen Entwicklungsbereiche der Kinder getrennt werden. Zum Beispiel wird Sprache von motorischen Aktivitäten getrennt. Deutschunterricht findet häufig nur sitzend statt. Kinder lernen auf diese Weise nicht ganzheitlich, das klappt einfach nicht. Somit verwundert es nicht, dass immer mehr Kinder in der Schule in eine Art Dauerstress geraten.

Zukunft
Eltern sind zweifelsohne bestrebt, ihr Kind optimal auf die Zukunft vorzubereiten. Sobald der eigene Nachwuchs in die Schule kommt, verstärken Eltern die Kontrolle über dessen Entwicklung. Es solle aus dem Kind ja einmal was werden. »Vertrauen ist gut, Kontrolle ist besser«, sagte ein Vater zu mir, dessen Sohn die gleiche Klasse wie meine Tochter besucht.

? Wussten Sie, ...

... dass die Mehrzahl der Eltern wenig Vertrauen in das öffentliche Bildungssystem hat? Die Kritik der Eltern reicht von

- der schlechten Ausstattung der Schulen,
- zu großen Schulklassen,
- Überforderung der als wenig engagiert und häufig als schlecht ausgebildet erlebten Fachkräfte
- bis hin zu starren Strukturen und
- wenig innovativen Konzepten.[84]

Falls Sie sich nun hier wiederfinden, wissen Sie, dass Sie nicht alleine so denken. Die Reaktion vieler verunsicherter Eltern sieht so aus, die Förderung ihrer Kinder zu einem möglichst frühen Zeitpunkt selbst in die Hand zu nehmen. Die Eltern betrachten die »Frühförderung« als Rettungsanker. Der Druck, nur keine Chance auszulassen, scheint allgegenwärtig. Sie würden ja sonst ihrer Elternpflicht, das Kind optimal zu fördern, nicht gerecht werden ... Eltern unternehmen oft große Anstrengungen und investieren viel Geld in private Anbieter, damit ihr Kind gute Schulnoten erzielt.

Kontrolle versus Loslassen
Keine Frage, wir sollten unsere Kinder so gut wie möglich unterstützen und ihnen auch mal bei den Hausaufgaben helfen, wenn sie nicht allein zurechtkommen. Jedoch soll diese Hilfe nicht in absolute Kontrolle oder Überwachung ausarten. Es gibt auch ein Leben außerhalb der Schule. Nach wie vor gilt auch für diese Phase des Lebens, dass die Bedürfnisse des Kindes vorrangig sind. Kein Kind kann sich konzentrieren und schulische Aufgaben zufriedenstellend erledigen, wenn nicht für Ausgleich gesorgt wird.

 Was Sie sofort umsetzen können:

- Achten Sie darauf, dass Ihr Kind genügend Zeit zum Spielen am Nachmittag findet. Entspannungsphasen sind wichtig und wertvoll.
- Stellen Sie nicht ständig Fragen über die Schule und die Hausaufgaben. Erinnern Sie sich daran, was Ihnen als Kind nach der Schule gutgetan hat. Es waren bestimmt nicht die ständigen Hinweise auf die Schule und das Lernen ...

- Achten Sie auch darauf, dass Ihr Kind genügend Bewegung hat. Das viele Sitzen in der Schule belastet den Körper. Ein motorischer Ausgleich, am besten draußen in der Natur, tut Körper, Geist und Seele wohl.
- Suchen Sie, wenn möglich, Kontakt zu den Lehrern. Sprechen Sie Bedenken so früh wie möglich an. Sehr oft kann rasch eine Lösung gefunden werden und die Lehrer sind dankbar für Ihre ehrliche Mitteilung und die Zusammenarbeit.

Ein Leben außerhalb der Leistungsfixierung

Benediktiner-Abtprimas Notker Wolf meint, indem wir unseren Kindern vorleben, dass es ein Leben außerhalb der bloßen Leistungsfixierung gibt, zeigen wir ihnen, dass man sich die Zeit und die Freiheit nehmen muss, nicht nur »gelebt zu werden«, sondern selbst zu leben. Kinder, die das erfahren haben, werden später einmal leichter in der Lage sein, sich auf ein unabhängiges Leben einzulassen, in dem unweigerlich immer wieder Veränderungen notwendig sind.[85]

Eltern wählen Alternativschulen

An immer mehr Schulen im Land wachsen das Bewusstsein für eine »andere« Förderung der Kinder sowie der Bedarf an einer engen Zusammenarbeit mit den Eltern. Die Akzeptanz des öffentlichen Schulwesens ist in den vergangenen Jahren bei den Eltern gesunken. In Deutschland ist die Zahl der Schüler an Privatschulen seit dem Jahr 1992 um 55 Prozent gestiegen.[86]

Auch weltweit gesehen steigt die Zahl der Alternativschulen. Ich führte selbst einmal eine Reihe an Interviews[87], in denen ich Eltern nach den Beweggründen für ihre Entscheidung nach einer Alternativschule befragte. Die Ergebnisse waren eindeutig.

Die Hauptgründe der Eltern waren:
- selbstbestimmtes und nachhaltiges Lernen
- die individuelle Betreuung des Kindes
- Teamarbeit
- soziale Aspekte, wie Zuhören und gewaltfreie Konfliktlösung sowie Empathie für andere Menschen empfinden können
- die Kompetenz des Lehrpersonals, diese wurde als sehr wichtig eingestuft.

Individuelle Betreuung braucht Zeit. Wenn Kinder selbstbestimmt und nachhaltig lernen sollen, müssen wir ihnen viel mehr Zeit zur Verfügung stellen, als sie im jetzigen Schulsystem bekommen. Wir sollten – wie es schon mancherorts geschieht – als Erstes die Pausenglocken abschaffen und Kindern die Möglichkeit bieten, sich in Projekte zu vertiefen.

Ein Beispiel: Ich gebe Ihnen zwei Bücher zur Auswahl. Jedes davon hat mindestens 300 Seiten. Eines der beiden Bücher finden Sie schrecklich, das andere lieben Sie. Für welches Buch würden Sie sich entscheiden? Mit Sicherheit für jene Lektüre, die Sie lieben. Stellen Sie sich die Qualen vor, in Ihrer Freizeit ein Buch mit über 300 Seiten zu lesen, das Sie nicht ausstehen können. Sie würden wahrscheinlich auch mich nicht mehr ausstehen können, wenn ich von Ihnen verlange, das Buch innerhalb der nächsten zwei Tage zu lesen und eine genaue Inhaltsangabe abzuliefern.

Lebenslanges Lernen

Die Fähigkeit und Bereitschaft für lebenslanges Lernen sind heutzutage von großem Vorteil, ja notwendig. Die heranwachsende Generation kann nicht mehr damit rechnen, dass das, was während der Schulzeit gelehrt und gelernt wird, für das ganze Leben ausreicht. Die Entwicklungen in der Wirtschaft, der Wissenschaft und der Technik schreiten so schnell voran, dass sich auch unsere Lebensverhältnisse und -bedingungen, sei es im Beruf oder Privatleben, häufig verändern.

Auch die Schulen sollten unseren Kindern die Voraussetzungen zum möglichst selbstständigen, lebenslangen Lernen mitgeben und sie dabei kräftig unterstützen. Wenn Lernen bereits in der Kindheit mit Stress, Belastung und Druck in Verbindung gebracht wird, tritt im Erwachsenenalter und auch im hohen Alter mit großer Wahrscheinlichkeit »Vermeidung« an die Stelle von Neugier und Weiterbildung. Wenn Lernen das Leben begleiten soll, so sollte es als lustvoll empfunden und nicht mit negativen Erinnerungen an die Schule verknüpft werden. Lernen ist eine große Chance, zur Entfaltung der eigenen Persönlichkeit entscheidend beizutragen. Lebensbegleitendes Lernen könnte somit auch als die Fähigkeit einer *bewusst positiven Lebensführung und Lebenseinstellung* gesehen werden.[88]

Bleiben Sie gelassen

Suchen Sie nach Möglichkeit eine Schule für Ihr Kind, die es darin unterstützt, selbstständig zu lernen. Das muss keine Privatschule sein. Erkundigen Sie sich frühzeitig nach guten Schulen in Ihrer Nähe. Nach solchen, in denen Leistung nicht mit der Persönlichkeit des Kindes verwechselt wird. Dies wird einen ungemeinen Druck aus Ihrem Familienleben nehmen.

Wenn Sie nicht fündig werden und Ihr Kind eine konservative, leistungsorientierte Schule besuchen muss, aus welchem Grund auch immer, dann bleiben Sie gelassen. Ihr Kind wird es Ihnen ewig danken. Unterstützen Sie Ihr Kind, wo notwendig, aber setzen Sie es nicht noch zusätzlich unter Druck. Bieten Sie ihm einen sicheren Hafen, in dem es auftanken und sich erholen kann. Dann werden auch die Leistungen in der Schule nicht das Leben bestimmen.

Jedes Kind ist talentiert. Auf seine ganz eigene Weise. Finden Sie heraus, was Ihr Kind gut kann und machen Sie es immer wieder darauf aufmerksam! Bestärken und loben Sie es. Jeder von uns ist anders. Jeder kann etwas anderes gut. Ich erinnere mich an eine schöne Parabel, die vielleicht auch Ihnen helfen wird, das Thema Schule gelassener anzugehen:

Eine Geschichte zum Nachdenken[89]

Einmal hatten die Tiere entschieden, eine Schule zu gründen. Die Unterrichtsfächer bestanden aus Laufen, Klettern, Fliegen und Schwimmen. Alle Tiere, die diese Schule besuchten, wurden in allen Fächern unterrichtet.

Die Ente war sehr gut im Schwimmen, beim Fliegen war sie durchschnittlich und im Laufen bekam sie eine Fünf. Deshalb musste sie bald den geliebten Schwimmunterricht sausen lassen, um laufen zu üben.

Das Kaninchen war Klassenbester im Laufen, aber nach einiger Zeit überlastet, da es nicht richtig schwimmen lernte.

Das Eichhörnchen konnte ausgezeichnet senkrecht auf Bäume klettern, schaffte es aber nicht, fliegen zu lernen. Es bekam einen Muskelkater von der Überanstrengung und wurde auch beim Klettern immer schlechter.

Der starke Adler wurde gar als Problemkind bezeichnet. Obwohl er in der Kletterklasse der Beste war, bestand er immer darauf, alles auf seine eigene Art und Weise zu machen.

Am Ende des Jahres hatte ein abnormaler Aal, der sehr gut schwimmen und auch ein wenig laufen, klettern und fliegen konnte, die besten Durchschnittsnoten und wurde hoch gelobt ...

Downshifting Family

Das Prinzip des Downshifting (zu Deutsch: herunterschalten, verlangsamen) wurde Mitte der 1990er-Jahre unter anderem vom Wirtschaftswissenschaftler und Gesellschaftskritiker Charles B. Handy erdacht. Die wesentlichen Fragen drehen sich dabei ums Geld, Haus, Auto usw.: Brauchen wir das alles, um glücklich zu sein? Oder besser gesagt, wie viel brauchen wir davon? Sind wir noch glücklich, wenn wir gefangen sind in den Alltagszwängen der Konsumgesellschaft, die wir bereits für selbstverständlich halten?

Die Fragen lauten: Wie kann ich gezielt mein Leben vereinfachen, damit es lebenswerter wird? Wie kann ich einen Gang zurückschalten, um das Leben wieder mehr zu genießen? Es geht beim Downshifting jedoch nicht darum, gesellschaftlich auszusteigen und wie ein Neandertaler ohne Strom in einer Waldhütte zu leben. Es geht um lebensnahe, einfache Überlegungen, die uns letztlich gar nicht so schwerfallen.

Downshifting schafft Platz für Zeit und Muße. Zeit für ein entspanntes, gelassenes Miteinander. Wer downshiftet, will und wird wieder Herr der eigenen Zeit werden. Er ist jemand, der achtsam und verantwortungsvoll mit sich selbst umgeht und der diese Lebenseinstellung auch seinen Kindern mit auf ihren Weg geben möchte.

Es geht dabei vor allem um eine innere Haltung. Downshifting bedeutet aussteigen aus dem Perfektionismus, ein Erkennen der eigenen Grenzen. Es ist die Erlaubnis dafür, Krisen aushalten und ausstehen zu dürfen, und es ist das Wissen um die eigenen Bedürfnisse.

Es ist ein Versuch, mit weniger auszukommen, dafür das Leben wieder mehr zu schätzen: mit den Kindern, dem Partner, mit Freunden und sich selbst.

Ob Sie es für Ihre Familie oder aus Unzufriedenheit mit Ihrem Alltag heraus umsetzen wollen: »Downshifting« fühlt sich echt gut an und bringt einem das pure Leben ein Stück näher.

Wenn Sie und Ihre Familie es schaffen, die Anregungen dieses Buches umzusetzen und in den Alltag zu integrieren, dann sind Sie bereits mittendrin im »Downshiften«.

Hier eine kurze Zusammenfassung:

- Bleiben Sie im Alltag gelassen. Keiner wird schneller oder besser durch Multitasking. Üben Sie sich in achtsamer Präsenz.
- Pausen und Entspannung gehören zu spannenden Zeiten dazu. Sehen Sie Pausen als Freizeit und nutzen Sie diese regelmäßig.

- Halten Sie Ihre Arbeitszeiten ein und beschäftigen Sie sich nicht in Ihrer Freizeit ständig mit Ihrer beruflichen Arbeit. Nerven Sie auch Ihre Kinder in deren Freizeit nicht ständig mit Schulthemen oder Förderkursen. Auch sie brauchen »arbeitsfreie« Zeiten.
- Denken Sie über alternative Arbeitszeitmodelle nach, wie Homeoffice oder Ähnliches.
- Verringern Sie, wo es nur geht, Ihre Zeit im Auto. Wege zu Musikschulen oder zum Fußballtraining können oft in Kooperation mit anderen Eltern und deren Kindern erledigt werden.
- Sagen Sie mit gutem Gewissen auch einmal NEIN zu diversen Aufgaben. Elternverein, Schulbuffet etc., nicht alles muss an Ihnen oder Ihrer Familie hängen bleiben.
- Lernen Sie, Aufgaben zu delegieren.
- Verabschieden Sie sich von Ihrem Perfektionismus. Sie müssen keine 180-Prozent-Mutter (oder -Vater) sein, und auch Ihre Kinder haben ein Recht darauf, nicht perfekt sein zu müssen.

Wie könnte Downshifting noch aussehen? Ein paar Anregungen möchte ich Ihnen auf den nächsten Seiten noch mit auf den Weg geben.

Der Ort, an dem die Zeit stehen bleibt

Es gibt einen Ort, einen Zauberort, der alle Sorgen, Anspannungen sowie jeglichen Stress von einem nehmen kann. Und das alles völlig kostenlos. Es braucht keine teure Ausrüstung, im Regelfall keine lange Autofahrt, und der Aufenthalt dort beansprucht auch nicht viel Zeit.

Wenn zu viele Dinge von außen auf mich einströmen oder dauernd jemand etwas von mir will, dann gehe ich an diesen Ort. Besser gesagt, ich tauche in ihn ein. Es ist der WALD. Mein Wald!

Der Wald ist ein Ort, an dem die Zeit keine Rolle spielt. Es ist ein Ort, an dem auch gestresste Kinder zur Ruhe kommen. Es ist ein Ort, an dem Kinder, die nicht mehr wissen, wie Spielen »funktioniert«, einfach wieder wie von selbst spielen. Sehr oft führt der Aufenthalt in der Natur, als Gegenstück zum hektischen Alltag, in einen Entspannungsmodus.

Dazu eine Geschichte: Unser jüngster Sohn wurde im Kindergarten von einem Jungen ständig belästigt. Er war in meinen Augen kein böswilliger Junge. Er spürte sich selbst einfach zu wenig und konnte nur auf seine besondere Weise Kontakt mit anderen Kindern aufnehmen. Wenn er gesehen werden wollte, biss oder schlug er zu. Er stand mächtig unter Stress und wurde rasch übergriffig. Einmal in der Woche war »Waldtag« im Kindergarten. Die Kinder liebten diesen Tag. Und das Beste an der Sache war, dass dieser auffällige Junge in der Natur wie ausgewechselt war. Niemals hatte er unseren Sohn oder andere Kinder im Wald angegriffen. Der Wald wirkte sehr ausgleichend auf ihn.

Heilender Wald
Der Wald tut uns gut, das beweist jetzt auch die Wissenschaft. Sie konzentriert ihre Forschungen vermehrt auf die unsichtbare Kraft zwischen Mensch und Natur, die einen viel stärkeren Einfluss auf uns hat, als bisher angenommen. Wussten Sie, dass Pflanzen mit unserem Immunsystem kommunizieren, ohne dass uns dies bewusst ist? Sie stärken dabei unsere Widerstandsfähigkeit. So kann der Anblick von Landschaften zur Heilung unterschiedlicher Krankheiten beitragen. Der österreichische Biologe Clemens G. Arvay führt in seinem Buch »Der Biophilia-Effekt«[90] wissenschaftlich fundierte Fakten über die Kraft und die Zusammenhänge in der Natur auf, die verblüffen.

Alle mal raus
Aber nicht nur der Wald, sondern die Natur allgemein erfreut Herz und Sinne und lässt uns eintauchen in eine gewisse Zeitlosigkeit. Ob Wiesen und Felder, der Aufenthalt an einem Fluss, See oder am

Meer, das Wandern in den Bergen oder das Verweilen im eigenen Garten. Wir fühlen uns frei und entspannt.

Und wieder einmal müssen Eltern sich selbst hinterfragen. Wenn sie im Kindergarten zuerst nach den Bildungsangeboten wie Englischkursen oder Sprachförderung fragen und nicht danach, wie viel Zeit Ihr Kind für freies Spiel in Wald und Wiese hat, wird sich im System nicht so rasch etwas ändern ...

Familienbett

Zum Themenkreis Entschleunigen und Downshiften gehört definitiv auch das Familienbett. Wie viel Stress und schlaflose Nächte würden wir uns alle ersparen, gingen wir die Fragen rund ums Schlafen gelassener an!

Heidemarie, 63 Jahre und Großmutter von sechs Enkelkindern, erzählte mir in einer ruhigen Minute: »Ich kann mich nicht erinnern, dass ich eine besonders liebevolle oder zärtliche Kindheit hatte. Ich wuchs bei meiner Oma auf, mit drei Jahren bin ich zu ihr gekommen. Zeit war nicht viel da für die Kinder. Sich um uns zu kümmern, war nicht drinnen. In der Nacht schliefen wir, aus Platzgründen wahrscheinlich, alle in einem Bett. Da hab ich mir dann das geholt, was ich brauchte als kleines Mädchen. Ich habe Omas Atem gespürt, ihre Haut, und da habe ich so etwas wie Geborgenheit empfunden. Ich glaube, wegen dieser vielen gemeinsamen Stunden in der Nacht habe ich danach nie das Gefühl gehabt, mir hätte Zärtlichkeit oder die körperliche Nähe von Erwachsenen gefehlt.«

Die Welt ist groß und es gibt viele verschiedene Facetten des Zusammenlebens. Das Thema »Kinder und Schlafen« ist ein Dauerbrenner und kommt bei Elterntreffs immer wieder zur Sprache. Die Meinungen und Erfahrungen dazu sind sehr gemischt: »Mein Sohn kommt andauernd in der Nacht zu uns ins Bett«, »Unsere Tochter ist schon drei und will einfach nicht allein einschlafen«,

»Mein Mann möchte nicht, dass die Zwillinge die Nacht bei uns verbringen«,»Ich schlafe viel ruhiger und besser, wenn mein Baby in meinem Bett schläft«.

Wie das (gemeinsame) Schlafen organisiert wird, hängt von der jeweiligen Kultur, der Tradition oder individuellen Gewohnheiten ab. Wie Eltern ihre Schlafsituation mit Kindern lösen, bleibt letztendlich ihnen überlassen. Es gibt kein Patentrezept. Nur so viel: Geborgenheit steht an erster Stelle.

Vielleicht ist Folgendes für Sie interessant:
Ein Drittel unseres Lebens verbringen wir mit Schlafen. Während des größten Teils der Menschheitsgeschichte schliefen Babys bei ihren Müttern, vielleicht auch bei den Vätern. Eltern und Kinder hatten gemeinsame Schlafplätze, allein schon aus Sicherheitsgründen und der einfachen Tatsache heraus, dass es keine getrennten Schlafplätze gab.

Erst als die Häuser größer wurden, kam der Gedanke auf, dass Kinder allein in einem eigenen Bett, umgeben von vielen Kuscheltieren, schlafen sollten. Heute wie damals oft mit nervtötenden Diskussionen verbunden. Das ist jedoch nicht überall so. Die Mehrheit der Menschen auf dieser Welt lebt nach wie vor auf engstem Raum miteinander. Und vor fünfzig Jahren etwa sah es bei uns in Europa auch noch ganz anders aus als jetzt.

Wilfried, 65 Jahre, erinnert sich:»Ich habe mit fünf Jahren noch immer bei meiner Oma im Bett geschlafen. Wir hatten nur ein Schlafzimmer, da waren alle Betten drinnen. Mein Bruder und ein paar Pflegekinder, alle schliefen wir mit den Eltern und der Oma in dem Zimmer. Und dann, stell dir vor, ist sie einfach eines Nachts neben eingeschlafen und nicht mehr aufgewacht. Ja, die ist einfach so neben mir friedlich und ganz ruhig gestorben. Ich war fünf und für mich war das ganz normal.«

? *Wussten Sie, ...*

... dass in fast allen Kulturen rund um den Globus Babys bei einem Erwachsenen schlafen? Ältere Kinder schlafen meist bei den Eltern oder anderen Geschwistern. Nur in den industrialisierten westlichen Gesellschaften, wie in Nordamerika und Teilen Europas, ist es so, dass der Schlaf eine »Privatangelegenheit« geworden ist. Der Westen hebt sich vom Rest der Menschheit ab, wenn es um den Schlafplatz der Kinder geht.

Laut einer Untersuchung von 186 nichtindustriellen Gesellschaften schlafen 46 Prozent der Kinder im selben Bett wie ihre Eltern und 21 Prozent in verschiedenen Betten, aber im selben Raum wie die Eltern. Das heißt also, 67 Prozent der Kinder schlafen in der Nähe von anderen. In keiner der 186 untersuchten Kulturen schlafen Babys vor ihrem ersten Geburtstag allein. In einer anderen Studie, die 172 Gesellschaftsformen verglich, fand man heraus, dass alle Kinder den Schlafplatz mit anderen teilen, und wenn es nur für einige Stunden ist. Die USA fielen dabei durchwegs als die einzige Gesellschaft auf, in der Babys in eigene Betten und eigene Räume gelegt werden.[91]

Vielleicht beruhigt es Sie zu hören, dass es in vielen Kulturen selbstverständlich ist, dass Kinder nicht allein schlafen. Und keine Angst: Mit Sicherheit wird Ihr einmal 19-jähriger Sohn mit seiner Freundin nicht das Bett gemeinsam mit Ihnen teilen wollen. Das steht fest. Alles zu seiner Zeit eben.

Susanne erzählt aus ihrem Familienalltag: »Das Thema Familienbett, da gehen die Meinungen heftig auseinander. Ich hab so meine Geschichte dazu und wurde von manchen kopfschüttelnd belächelt. Mein Sohn ist heute elf und hat sich trotz schwerer Krankheit sehr gut entwickelt. Er war so ein Kandidat, der das Familienbett sehr in Anspruch nahm. Er hatte ein helles schönes eigenes Zimmer und ich konnte nicht nachvollziehen, warum er nicht gern in seinem Zimmer blieb. Heute sehe ich das anders! Als mein Sohn drei Jahre alt war, war ich Alleinerzieherin und hatte wenig Zeit für ihn, da ich sehr viel arbeitete. Ich denke, er hat sich diese Zeit und Nähe einfach nachts zurückgeholt. Als er dann sieben war, waren wir eine komplette Familie, sind umgezogen, und es wurde besser. Er schlief durch und kam nur ab und an ins gemeinsame Bett. Ich arbeite jetzt nicht mehr so viel und habe auch tagsüber Zeit für meine Kinder. Familienkuscheln im Bett hat sich nur noch am Sonntag eingebürgert, 15 Minuten vor dem Aufstehen, und das hat sich von ganz allein ergeben. Kinder brauchen einfach nur Zeit und das in vielen Bereichen. Für meinen Teil, denke ich, habe ich die richtige Entscheidung getroffen, habe die Zeit arbeiten lassen und mir dadurch selbst viel Stress und viele Diskussionen erspart.«

Mit Humor geht's leichter

Ratgeber, die sozusagen mit erhobenem Zeigefinger erklären, was Eltern in der Erziehung alles falsch machen oder wie tyrannenhaft sich Kinder benehmen, gibt es wie Sand am Meer.

Ich möchte Sie dazu einladen, wieder bewusster die humorvollen Seiten des Familienlebens zu entdecken! Mit mehr Humor, Leichtigkeit und Gelassenheit auf das zu sehen, was gegenseitig bereichernd wirkt, Spaß macht und uns zum Lachen bringt.

Laut Studienergebnissen, die durchs Internet geistern, lachen Kinder bis zu 450 Mal am Tag, Erwachsene aber nur rund 15 Mal. Da dürfte etwas Wahres dran sein. Sind wir nicht alle zu verbissen, verleidet uns der Alltagstrott nicht das Lachen? Wann haben Sie mit Ihren Kindern das letzte Mal so richtig herzhaft gelacht?

Lassen Sie sich noch heute auf ein Experiment ein: Laden Sie bewusst den Humor in Ihre Familie ein, um wieder mehr Leichtigkeit in den Alltag zu bringen. Verändern Sie Ihr gewohntes Denken und so manche Verhaltensweise. Lassen Sie sich wieder öfter anstecken vom Lachen Ihrer Kinder. Versuchen Sie dies einfach mal – und fast nebenbei reduzieren Sie dabei auch Stress.

Lachen gegen den Stress
Die beste Gesundheitsvorsorge ist leicht in den Tagesablauf zu integrieren und noch dazu absolut kostenlos: Lachen ist die beste Medizin. Der größte Feind von Stress ist das Lachen. Es schüttet massenweise Glückshormone aus. Wenn wir lachen, sind wir:

• unserer Umwelt positiv zugeneigt
• kontaktfreudiger
• weniger nervös
• sozialer
• und somit auch bei anderen Menschen beliebter.
• Lachen sorgt ebenso für körperliche Entspannung, weil es die
• Durchblutung verbessert
• das Herz-Kreislauf-System anregt
• Schmerzen verringert.

Lachen sorgt nicht zuletzt für geistige Entspannung. Wir sehen Dinge etwas anders und leichter, wenn wir lachen.

? Wussten Sie, ...

... dass Wissenschaftler herausfanden, dass einminütiges Lachen so belebend wirkt wie eine Dreiviertelstunde Entspannung? Lachen fördert die Kreativität, löst gedankliche Blockaden und unser Gedankenkarussell hat die Chance, sich in eine andere Richtung zu drehen.[92]

♥ Was Sie sofort umsetzen können:

Wenn wenig Zeit für ein entspanntes Zusammensein ist oder alle nur noch gereizt und überfordert durch die Gegend laufen, dann veranstalten Sie doch ein Familien-Lachkonzert. Lachen kann viele negative Emotionen entstauen und jeder fühlt sich danach befreiter. Und so geht's: Alle Familienmitglieder legen sich mit dem Rücken auf den Boden. Jeder legt seinen Kopf auf den Bauch eines anderen. Sobald einer zu lachen beginnt, pflanzt sich das Lachen fort ...[93]

Das Hormon der Liebe

If you want to change the world, go home and love your family.

Mutter Teresa (Heilige Teresa von Kalkutta, 1910–1997)

Für die Liebe gibt es ein eigenes Hormon. Sie müssen es nicht einmal in Kapselform einnehmen, denn es ist wie so viele andere schöne Dinge absolut kostenlos. Also genau das Richtige für eine Downshifting Family.

Überall, wo Liebe zu finden ist, wird auch dieses Hormon produziert. Es nennt sich Oxytocin, das »Kuschelhormon«. Oxytocin ist beteiligt am Vorspiel in der sexuellen Liebe und am Orgasmus bei Mann und Frau. Es ist in der Muttermilch enthalten und wird beim Stillen freigegeben. In der Stunde nach der Geburt erreicht es einen Höhepunkt, wenn Mutter und Kind zum ersten Mal Kontakt haben. Aber auch während der gesamten Stillzeit befindet sich die Mutter in einem speziellen hormonellen Gleichgewicht.[94]

Das Liebes- und Wohlfühlhormon wird nicht nur während der eben genannten Momente ausgeschüttet, sondern auch bei jeder zarten oder angenehmen Berührung. Auch in Zeiten großen Glücks schüttet der Körper Oxytocin aus.

»Gehen wir einmal davon aus, dass die kennzeichnenden Merkmale einer Kultur vom durchschnittlichen hormonellen Gleichgewicht der Bevölkerung geformt werden. Dann müssen wir uns fragen, was an unserer westlichen Kultur charakteristisch ist. Ein bedeutendes Kennzeichen ist es, dass wir nicht viele Kinder bekommen. Ein anderes ist die kurze Stillzeit, die oft schon nach Monaten abgeschlossen ist. In vielen anderen Kulturen dauert die Stillzeit mehrere Jahre«.95 Kinder schlafen in anderen Kulturkreisen, wie erwähnt, selbstverständlich bei den Eltern im Bett. Sie werden viel getragen und nicht im Kinderwagen vor sich hergeschoben. Körperkontakt schafft Sicherheit, die Kinder erleben Geborgenheit und schöpfen Vertrauen.

Kann es sein, dass viele von klein auf zu wenig von diesem Liebes- und Wohlfühlhormon abbekommen? Ist unsere Kultur auch deshalb von einem hohen Lebenstempo, Stress und Hektik durchzogen, weil wir als Babys zu wenig gehätschelt wurden? Würde jeder Einzelne von Beginn an genug Zuwendung erfahren, hätte dann unsere gesamte Gesellschaft eine entspanntere Grundhaltung? Wären wir vielleicht auch gelassener und würden wir mehr Glücksgefühle empfinden? Neben einigen anderen Faktoren ganz bestimmt! Na dann gleich mal los!

 ## Was Sie sofort umsetzen können:

Nehmen Sie sich zwischendurch zum Beispiel öfter mal Zeit, Ihr Kind zu massieren oder liebevoll zu umarmen. Zärtliche Berührungen, ein sanftes Lächeln, freundliche Blicke, das alles nährt ein Kind genauso wie die Muttermilch oder ein gutes selbst gekochtes Essen. Bei Babys werden Wachstumshormone (im Bereich eines messbaren Werts) und eine Beschleunigung der Nervenzellen im Gehirn ausgelöst.

Eine besonders wohltuende Massage findet man im Ayurveda. Der Körper des Kindes wird mit warmem Sesamöl massiert. In indischen Familien wird dies als »Alltagsmassage« praktiziert und gilt als elementarer Bestandteil einer gesunden Lebensgestaltung. Die Massage kann auch als Selbstmassage oder beim Partner/der Partnerin durchgeführt werden. Wohlfühlhormon-Ausschüttung pur! Einfach zum Genießen!

Generell wird als Massageöl gereiftes Sesamöl verwendet. Zur Massage wird das Öl erhitzt. Durch kurze Erhitzung auf 110 Grad Celsius wird das Sesamöl veredelt, es wird dünnflüssiger und zieht besser in die Haut ein. Vor der Anwendung sollte es auf eine angenehme Massagetemperatur abgekühlt werden. Grundsätzlich werden die Gelenke, wie Fuß, Knie, Hüfte, Hand, Ellbogen und Schulter sowie Kopf, Brust und Bauch, mit kreisenden Bewegungen massiert. Die Muskulatur, wie Unter- und Oberschenkel, Unter- und Oberarme sowie Rücken, hingegen mit Längsstrichen. Bei den kreisenden Bewegungen wird mit den Fingerspitzen massiert, bei den streichenden Bewegungen übt man sanften Druck mit der gesamten Handfläche aus.

Crunchy Family

Als »crunchy«, so habe ich im Internet gelesen, bezeichnet man alternativ lebende Menschen, die einen umwelt- und familienfreundlichen Lebensstil pflegen. Sie leben nachhaltig und bewusst, kaufen regional ein, kochen mit natürlichen, gesunden Lebensmitteln und praktizieren Yoga. Sie tragen gern ihre Babys, verwenden Stoffwindeln, setzen auf ganzheitliche Medizin und vieles mehr.

Ich fühle mich auch oft ziemlich »crunchy«. Nicht nur, weil ich gern gesund koche, meine Babys viel getragen habe oder Yoga betreibe, sondern weil ich für einen gelassenen, entspannten Familienalltag plädiere.

Manchmal frage ich mich: Passt diese Lebenseinstellung in die Zeit, in der wir leben? Doch dann blicke ich um mich und sehe viele übermäßig gestresste Eltern. Ich sehe Kinder mit den Symptomen von Burn-out-Kranken. Ich sehe Familien, die keine Zeit mehr miteinander verbringen.

Dann weiß ich: Es wird höchste Zeit, dass wir alle einen auf »CRUNCHY« machen, um uns gegenseitig mit mehr Gelassenheit anzustecken und einen entspannteren Lebensstil in unseren Alltag zu integrieren.

Viel Freude bei der Umsetzung!

Dank

Dieses Buch wäre niemals entstanden ohne meine wunderbare Familie. Ich danke meinem Mann, der mich immer und jederzeit auf meinem Weg unterstützt. Meinen drei Kindern, die mein Leben auf so wunderbare Weise bereichern. Ohne sie wäre ich nicht so reich, wie ich mich fühle. Ich danke ihnen natürlich auch, dass sie mir genügend »Stoff« für dieses Buch zur Verfügung stellten und die geschriebenen Zeilen somit nicht in der Theorie hängen blieben.

Danke an meine Eltern, die mich so vieles von der Gelassenheit, von der ich schreibe, selbst als Kind erleben ließen. Und auch jetzt noch begleiten sie mich als ihr Kind (auch wenn ich schon groß bin) mit so viel Liebe, Vertrauen und Gelassenheit. Danke für euren sicheren Hafen, den ich immer schon zu jeder Zeit aufsuchen durfte und den ich noch immer regelmäßig ansteuere.

Ich danke meinem »Bindungsdorf« (die dazugehören, wissen davon) für die vielen Gespräche und die gemeinsame Zeit.

Danke meinen zahlreichen InterviewpartnerInnen und KlientInnen, die so ehrlich von sich erzählt haben. Ich konnte so vieles davon in dieses Buch einfließen lassen. Allen voran ein großes Danke an Monika, Martina und Manuela.

Danke meiner besten Freundin Martina. Mit ihr gemeinsam kann ich mich stundenlang über das bestehende Schulsystem unterhalten, unseren oft turbulenten Familienalltag besprechen, und noch wichtiger: mit ihr darüber lachen. Es fühlt sich einfach immer alles leichter an, nachdem wir miteinander geredet haben. Und die Zeiten, in denen wir beide gemeinsam, einfach so und ganz locker »allein« auf Urlaub fahren, kommen bestimmt wieder!

Ein großer Dank an den Ennsthaler Verlag, der dieses Buch ermöglichte und von Beginn an großes Vertrauen in meine Gedanken hatte. Ich danke für die fantastische Umsetzung und für das offene Ohr meinen Wünschen gegenüber.

Quellen

1   Mathers, Colin D./Loncar, Dejan (2006): Projections of Global Mortality and Burden of Disease from 2002 to 2030. PLOS Medicine 3 (11): e442

2   Eltern unter Druck, siehe: http://www.kas.de/upload/ dokumente/2008/02/080227_henry.pdf, Einsicht Jänner 2016

3   Ritscher, Penny (2015): Nachhaltige Erziehung in Krippe und Kindergarten. Das Slow School Konzept. Berlin: Bananenblau, S. 38

4   Eltern unter Druck

5   https://www.land-oberoesterreich.gv.at/Mediendateien/LK/PK_LH-Stv._ Hiesl_30.3.2015_Internet.pdf

6   Friebel, Volker (2008): Kinder entdecken die Langsamkeit. Aachen: Ökotopia Verlag GmbH & Co. KG, S. 11, www.oekotopia-verlag.de

7   http://www.spektrum.de/lexikon/neurowissenschaft/dreieiniges-gehirn/ 3014, eingesehen im Jänner 2016

8   Hüther, Gerald/Michels, Inge (2009): Gehirnforschung für Kinder. München: Kösel-Verlag, S. 49

9   Odent, Michel (2006): Geburt und Stillen. Über die Natur elementarer Erfahrungen. München: Beck'sche Reihe

10 Umfrage der Verfasserin, https://www.facebook.com/profile.php?id=100008054957082, 5.12.2016

11 Ende, Michael (2005): Momo. Thienemann Verlag, S. 37–38

12 Ende, Michael: Momo, S. 14–15

13 Shanker, Stuart (2016): Das überreizte Kind. Wie Eltern ihr Kind besser verstehen und zu innerer Balance führen. Mit der weltweit bewährten Methode der Selbstregulierung. Mosaik Verlag, S. 114–115

14 http://www.geschlechterstudien.de/5-0-multitasking.html, eingesehen Februar 2016

15 Umfrage der Verfasserin, https://www.facebook.com/profile php?id=100008054957082, 5.12.2016

16 Roberts, Yvonne:»Official: Babies do best with mother«, The Observer, 2. Oktober 2005

17 Neufeld, Gordon/Maté, Gabor (2006): Unsere Kinder brauchen uns!
Die entscheidende Bedeutung der Kind-Eltern-Bindung. Genius Verlag

18 Dibbern, Julia (2014): Geborgenheit. Wie Kinder sie spüren und Eltern
sie geben können. Weinheim und Basel: Beltz, S. 84

19 Montessori, M. (2011). Grundlagen meiner Pädagogik.
Wiebelsheim: Quelle & Meyer, S. 7

20 Renz-Polster, Herbert/Hüther, Gerald (2013): Wie Kinder heute wachsen.
Natur als Entwicklungsraum. Ein neuer Blick auf das kindliche Lernen,
Fühlen und Denken. Weinheim und Basel: Beltz, S. 12–13

21 Juul, Jesper (2016): Leitwölfe sein. Liebevolle Führung in der Familie.
Weinheim: Beltz, S. 28

22 Juul, Jesper: Leitwölfe sein, S. 36

23 Juul, Jesper: Leitwölfe sein

24 Krenz, Armin (2008): Kinder brauchen Seelenproviant.
Was wir ihnen für ein glückliches Leben mitgeben können. München:
Kösel-Verlag, S. 17

25 http://kinderförderung.bepanthen.de/sozialforschung/stress-studie-2015/,
eingesehen Jänner 2016

26 Krenz, Armin: Kinder brauchen Seelenproviant

27 Pohl, Gabriele (2014): Kindheit – aufs Spiel gesetzt. Vom Wert des Spielens
für die Entwicklung des Kindes. Heidelberg: Springer Spektrum, S. 40

28 Steenberg, Ulrich (2004): Kinder finden ihren Weg: Montessori –
das Elternbuch. Freiburg: Herder, S. 69

29 Biddulph, Steve (2007): Das Geheimnis glücklicher Babys.
Kinderbetreuung – ab wann, wie oft, wie lange? München: Heyne, S. 14

30 Biddulph, Steve: Das Geheimnis glücklicher Babys, S. 87/111

31 http://www.zeit.de/reden/gesellschaft/200113_opaschowski

32 Valentin, Lienhard/Kunze, Petra (2015): Die Kunst, gelassen zu erziehen.
Achtsamkeit im Leben mit Kindern. Freiburg: Arbor Verlag, S. 49

33 Buber, Martin (1949): Die Erzählungen der Chassidim. Zürich:
Manesse Verlag

34 Dibbern, Julia: Geborgenheit, S. 64–72

35 Dibbern, Julia: Geborgenheit

36 Biddulph, Steve: Das Geheimnis glücklicher Babys, S. 71

37 Kobbeloer, Michael: Lernen im Kühlschrank: Wie wir die Lerntemperatur unseres Bildungssystems mit Emotionen erhöhen können. Books on Demand, S. 125

38 WHO (World Health Organization), Europe Office (Hrsg., 2004): Die Fakten – Soziale Determinanten von Gesundheit. Kopenhagen, eingesehen 2016, http://www.euro.who.int/_data/assets/pdf_file/0008/98441/e81384g.pdf, S. 15–17

39 Biddulph, Steve: Das Geheimnis glücklicher Babys, S. 88

40 Waldschmidt, Ingeborg (2010): Maria Montessori. Leben und Werk. München: C.H.Beck, S. 45

41 Ritscher, Penny: Nachhaltige Erziehung in Krippe und Kindergarten.

42 Gramer-Rottler, Silke (2014): Was uns alle trägt. Die Kraft des Urvertrauens in einer reizüberfluteten Welt. Silberschnur Verlag, S. 35–37

43 Krenz, Armin: Kinder brauchen Seelenproviant, S. 71

44 Hüther, Gerald, in: Zimpel, André Frank (2011): Lasst unsere Kinder spielen. Der Schlüssel zum Erfolg. Göttingen, S. 9

45 Krenz, Armin: Kinder brauchen Seelenproviant, S. 22

46 Renz-Polster, Herbert/Hüther, Gerald: Wie Kinder heute wachsen, S. 104

47 Krenz, Armin: Kinder brauchen Seelenproviant, S. 27

48 Krenz, Armin: Kinder brauchen Seelenproviant, S. 42

49 Dahlke, Ruediger (2002): Lebenskrisen als Entwicklungschance. Zeiten des Umbruchs und ihre Krankheitsbilder. München: Goldmann, S. 19

50 Dahlke, Ruediger: Lebenskrisen als Entwicklungschance, S. 166–167

51 Eltern unter Druck

52 Dahlke, Ruediger: Lebenskrisen als Entwicklungschance, S. 167

53 http://antrobius.de/es-nutzt-nicht-am-gras-zu-ziehen-es-wachst-nicht-schneller.html, eingesehen 24.11.2015

54 Stiftung für Zukunftsfragen – eine Initiative von British American Tobacco: Persönliche Ziele für 2016 – Zwischen Entschleunigung und Sparsamkeit, Forschung Aktuell, 266, 36. Jg., 31.12.2015

55 Ritscher, Penny: Nachhaltige Erziehung in Krippe und Kindergarten, S. 44

56 Shanker, Stuart: Das überreizte Kind, S. 22

57 Shanker, Stuart: Das überreizte Kind, S. 44–45

58 Umfrage der Verfasserin, https://www.facebook.com/profile.php?id=100008054957082, 25.10.2016

59 Shanker, Stuart: Das überreizte Kind. S. 80–85

60 Umfrage der Verfasserin, https://www.facebook.com/profile.
php?id=100008054957082, 2.11.2016

61 Wolf, Notker (2014): Gönn dir Zeit. Es ist dein Leben.
Freiburg im Breisgau: Herder

62 Wolf, Notker: Gönn dir Zeit, S. 54–57

63 www.fr-online.de/schule/gehirnforschung-lernen-gegen-den-bio-
rhythmus,5024182,11044746.html, eingesehen 24.11.2015

64 www.spiegel.de/spiegel/a-542770.html, eingesehen 24.11.2015

65 www.spiegel.de/spiegel/a-542770.html

66 www.fr-online.de/schule/gehirnforschung-lernen-gegen-den-bio-
rhythmus,5024182,11044746.html

67 www.spektrum.de/news/acht-uhr-ist-zu-frueh-zum-lernen/1344381,
eingesehen 24.11.2015

68 Kaufmann-Huber, Gertrud (1998): Kinder brauchen Rituale.
Ein Leitfaden für Eltern und Erziehende. Augsburg: Weltbild, S. 117–127

69 http://arbeitsblaetter.stangl-taller.at/SCHLAF/Wieviel-Schlaf.shtml,
Einsicht November 2016

70 Biddulph, Steve: Das Geheimnis glücklicher Babys, S. 26–29

71 http://www.fuerkinder.org/kinder-brauchen-bindung/experten-meinen/
404-fruehkindlicher-stress-in-der-fremdbetreuung-und-seine-langfristigen-
folgen

72 http://www.fuerkinder.org/kinder-brauchen-bindung/aktuelles-news/
394-was-kommt-wenn-familie-geht-vorbild-skandinavien

73 http://www.fuerkinder.org/kinder-brauchen-bindung/experten-meinen/404

74 Ahnert, Lieselotte (Hrsg., 2004): Frühe Bindung. Entstehung
und Entwicklung. München: Ernst Reinhardt Verlag

75 http://www.fuerkinder.org/kinder-brauchen-bindung/experten-meinen/404

76 Biddulph, Steve: Das Geheimnis glücklicher Babys, S. 137

77 Biddulph, Steve: Das Geheimnis glücklicher Babys, S. 67

78 Pohl, Gabriele: Kindheit – aufs Spiel gesetzt, S. 106

79 Ritscher, Penny: Nachhaltige Erziehung in Krippe und Kindergarten, S. 35–43

80 http://www.faz.net/aktuell/feuilleton/familie/studie-viele-eltern-
nehmen-kinderstress-kaum-wahr-13667667.html, eingesehen Jänner 2016

81 https://www.bifie.at/buch/1191/2/4

82 Renz-Polster, Herbert/Hüther, Gerald: Wie Kinder heute wachsen, S. 87

83 Pohl, Gabriele: Kindheit – aufs Spiel gesetzt, S. 14

84 Eltern unter Druck

85 Wolf, Notker: Gönn dir Zeit

86 Hendricks, Renate (2011): Schule muss sich verändern – nur mit Eltern ist
    Schule neu zu denken, in: Killus, Dagmar/Tillmann Klaus-Jürgen (Hrsg.),
    in Kooperation mit TNS Emnid: Der Blick der Eltern auf das deutsche Schul-
    system. 1. JAKO-O Bildungsstudie (S. 145–159). Münster: Waxmann, S. 146

87 Draxler-Zenz, Tanja (2015): Reformpädagogische Schulen.
    Welche Beweggründe haben Eltern, ihr Kind eine Reformschule besuchen
    zu lassen? Masterarbeit

88 Draxler-Zenz, Tanja: Reformpädagogische Schulen

89 Frei erzählt nach George H. Reavis: The Animal School

90 Arvay, Clemens G. (2015): Der Biophilia-Effekt. Heilung aus dem Wald.
    Wien: edition a

91 http://www.rabeneltern.org/index.php/wissenswertes/schlafen-
    wissenswertes/1215-schlaf-bei-mir-ein-transkultureller-blick-auf-das-
    schlafen-im-familienbett

92 Kobbeloer, Michael: Lernen im Kühlschrank, S. 216

93 Draxler-Zenz, Tanja (2016): Töne sehen, Klänge fühlen.
    Körperwahrnehmung mit Klanginstrumenten fördern. München: Don Bosco

94 Odent, Michel: Geburt und Stillen, S. 121–122

95 Odent, Michel: Geburt und Stillen, S. 123

Über die Autorin

Foto: Armin Russold

Tanja Draxler-Zenz, MSc, Pädagogin und Psychosoziale Beraterin, ist als Lebens- und Sozialberaterin mit Schwerpunkt systemische Familienberatung in eigener Praxis tätig. Seit 2006 Geschäftsführerin des Instituts für Klang- und Entspannungspädagogik in Knittelfeld. Als Trainerin in der Erwachsenenbildung hält sie zahlreiche Vorträge und Seminare im In- und Ausland.

In ihren Büchern beschäftigt sie sich mit Themen rund um eine entspannte und stressfreie Kindheit, Familie und Erziehung. Sie hat drei Kinder und lebt mit ihrem Mann in der Steiermark.

www.tanjadraxler.at

Maria Neuberger-Schmidt
Gewaltfrei, aber nicht machtlos
Erziehung mit Herz, Verstand und
Führungskompetenz.
Das Buch zum ABC-Elternführerschein®
336 Seiten, Hardcover
ISBN 978-3-85068-891-8

Silvia Beyer
Meine Kinder spiegeln mich
Mit der Spiegelgesetz-Methode Kindheit
und Pubertät locker bewältigen
104 Seiten, Broschur
ISBN 978-3-85068-730-0

ENNSTHALER VERLAG STEYR

WEITERS ERSCHIENEN

Edeltraud Haischberger
Sag Ja zum Nein
Klare Grenzen setzen im Alltag
140 Seiten, Broschur
ISBN 978-3-85068-964-9
E-Book: 978-3-7095-0068-2

WEITERS ERSCHIENEN

Edeltraud Haischberger
Frau, stell dich auf die Füße!
Die fünf großen Selbst für ein
glückliches Leben
192 Seiten, Broschur
ISBN 978-3-85068-865-9
E-Book: 978-3-7095-0067-5

Heike Ackermann
**Schwangerschaft, die natürlichste
Sache der Welt!**
Naturheilkunde für Schwangerschaft
und Wochenbett. Mit Tagebuch!
192 Seiten, Hardcover
ISBN 978-3-85068-825-3

ENNSTHALER VERLAG STEYR

WEITERS ERSCHIENEN

Christa Kössner/Ricardo Exinger
Machos, Tussis, Nervensägen
Ihre genialen Botschaften mit der
Spiegelgesetz-Methode entschlüsseln
144 Seiten, Broschur
ISBN 978-3-85068-621-1
E-Book: 978-3-7095-0056-9

Rita Maria Nikodim
Mein Lichtkind
Wie mich der Verlust meiner Tochter zu
einem bewussteren Leben führte
192 Seiten, Hardcover
ISBN 978-3-85068-957-1
E-Book: 978-3-7095-0069-9

ENNSTHALER VERLAG STEYR